高等职业教育（本科）电子信息课程群系列教材

新一代网络技术与应用

主　编　路立勋　周　宝

副主编　赵冰心　胡　凯

中国水利水电出版社
www.waterpub.com.cn

·北京·

内 容 提 要

本书是面向高校学生的前沿网络技术教材，旨在帮助学生掌握新一代网络技术的核心知识和运用现状。随着信息技术的飞速发展，网络技术已成为推动社会进步和经济发展的核心力量。本书紧密结合当前网络技术的最新发展，涵盖了从基础通信技术到最前沿的网络运营智能化等多个方面，包括 5G、物联网、软件定义网络、网络功能虚拟化等新兴技术。

本书内容设计注重实践教学，通过案例引导将理论知识与实际运用相结合，帮助学生更好地理解和掌握知识。本书的编写遵循从基础到高级、从理论到实践的逻辑顺序，分为基础概念建立、技术发展与融合、前沿技术探索、智能化与自动化、泛在连接与应用五个部分。通过这种系统化的学习路径，本书不仅提供了理论知识，还讲解了实践应用，预测了未来趋势，帮助学生在新一代网络技术领域中保持竞争力。

图书在版编目（CIP）数据

新一代网络技术与应用 / 路立勋，周宝主编.
北京：中国水利水电出版社，2025.8. --（高等职业教育（本科）电子信息课程群系列教材）. -- ISBN 978-7
-5226-3442-5

Ⅰ. TP393

中国国家版本馆 CIP 数据核字第 20255M6V28 号

策划编辑：寇文杰 责任编辑：张玉玲 加工编辑：丰芸 封面设计：苏敏

书　　名	高等职业教育（本科）电子信息课程群系列教材 **新一代网络技术与应用** XINYIDAI WANGLUO JISHU YU YINGYONG
作　　者	主　编　路立勋　周　宝 副主编　赵冰心　胡　凯
出版发行	中国水利水电出版社 （北京市海淀区玉渊潭南路 1 号 D 座　100038） 网址：www.waterpub.com.cn E-mail：mchannel@263.net（答疑） 　　　　sales@mwr.gov.cn 电话：（010）68545888（营销中心）、82562819（组稿）
经　　售	北京科水图书销售有限公司 电话：（010）68545874、63202643 全国各地新华书店和相关出版物销售网点
排　　版	北京万水电子信息有限公司
印　　刷	三河市鑫金马印装有限公司
规　　格	184mm×260mm　16 开本　10.5 印张　222 千字
版　　次	2025 年 8 月第 1 版　2025 年 8 月第 1 次印刷
印　　数	0001—3000 册
定　　价	36.00 元

凡购买我社图书，如有缺页、倒页、脱页的，本社营销中心负责调换

版权所有·侵权必究

前　　言

随着信息技术的飞速发展，网络技术已成为推动社会进步和经济发展的核心力量。从基础通信技术到前沿的网络智能化应用，新一代网络技术正在深刻地改变着我们的生活和工作方式。为了满足新时代对高素质网络技术人才的需求，编者组织编写了这本《新一代网络技术与应用》，旨在为学生提供一个系统、全面且前沿的学习资源，帮助他们掌握新一代网络技术的核心知识和实践技能。

本书紧密结合当前网络技术的最新发展，涵盖了从基础通信技术到最前沿的网络运营智能化等多个方面。希望本书不仅让学生能理解网络技术的理论知识，更能够接触到行业内的最新技术和应用场景，培养实践能力和创新思维。

本书的编写团队由多位具有丰富企业工作经验的高校教师组成。他们在网络技术领域积累了深厚的教学和实践经验，能够确保教材内容既具有理论深度，又贴近实际应用需求。此外，本书在内容设计上注重实践教学的配套，通过案例引导将理论知识与实际操作相结合，帮助学生更好地理解和掌握知识。

在编写过程中，我们始终坚持以学生为中心、实践导向以及公开展示与评价的核心理念。教材内容紧跟新一代网络技术的前沿动态，涵盖 5G、物联网、软件定义网络、网络功能虚拟化等新兴技术，帮助学生构建面向未来的知识体系。同时，教材还融入了思政元素，培养学生德技并修、匠心报国的精神，激发他们的爱国热情，使学生在学习专业知识的同时，树立正确的价值观和职业观。

本书的编写遵循了从基础到高级、从理论到实践的逻辑顺序，旨在为学生提供系统化的学习路径。以下是本书的编写思路：

1. 基础概念建立

第 1 章　通信技术数字化：从数字通信的基础知识入手，为学生建立通信技术数字化的基本概念，包括数字信号处理和数字通信的优势与挑战。

2. 技术发展与融合

第 2 章　通信网络 IP 化：深入讲解 IP 网络基础和协议，分析 IP 化对通信网络的影响，以及 IP 网络的未来发展方向。

3. 前沿技术探索

第 3 章　网络功能虚拟化：概述虚拟化技术，并详细介绍网络功能虚拟化架构，探讨虚拟化技术在网络中的应用和挑战。

第 4 章　网络融合多模态化：介绍多模态通信技术和网络互融技术，探讨多模态网络的实现与优化。

4. 智能化与自动化

第 5 章 智能化网络：讨论智能化网络的基础，包括人工智能在网络运营中的应用，智能化网络管理与维护，以及智能化网络的未来发展。

5. 泛在连接与应用

第 6 章 网络连接泛在化：解释泛在网络的概念，探讨泛在网络技术与标准，分析泛在网络在不同场景下的应用，以及挑战与未来。

通过这种编写思路，可为学生提供全面的学习资源，不仅包括理论知识，还包括实践应用和未来趋势，以帮助学生在新一代网络技术领域中保持竞争力。

本书的编写离不开编写团队的共同努力，具体分工如下：第 2 章、第 6 章由路立勋编写，第 3 章、第 4 章由周宝编写，第 1 章由赵冰心编写，第 5 章由胡凯编写。希望本书能够为新一代网络技术的教学和人才培养提供有力支持，为推动我国信息技术的发展贡献一份力量。

最后，我们衷心希望本书能够成为学生学习新一代网络技术的良师益友，也期待广大读者提出宝贵意见和建议，以便我们不断改进和完善教材内容。

编　者

2025 年 2 月

目　录

前言

第1章　通信技术数字化 ················ 1
  1.1　数字通信技术的演进 ················ 2
    1.1.1　数字通信的发展历程 ············· 2
    1.1.2　数字通信系统的基本组成 ········· 3
    1.1.3　数字化趋势对现代通信的影响 ····· 4
  1.2　数字通信基础理论 ··················· 5
    1.2.1　数字信号的概念 ················· 5
    1.2.2　数字信号的特点与分类 ··········· 6
    1.2.3　数字信号处理的核心技术 ········· 7
  1.3　新一代通信技术 ····················· 8
    1.3.1　5G技术的关键特性与应用 ········ 8
    1.3.2　物联网与通信技术 ··············· 10
    1.3.3　人工智能在通信中的应用 ········· 11
  1.4　数字通信与企业数字化转型 ··········· 12
    1.4.1　企业数字化转型实例 ············· 12
    1.4.2　数字化转型的策略与方法 ········· 13
    1.4.3　数字化转型的成效评估 ··········· 14
  习题1 ································· 15
第2章　通信网络IP化 ·················· 17
  2.1　IP网络基础 ························ 18
    2.1.1　IP网络的基本概念 ··············· 18
    2.1.2　IP地址与子网划分 ··············· 22
    2.1.3　IP网络的路由机制 ··············· 29
  2.2　IP网络协议 ························ 36
    2.2.1　TCP/IP协议栈 ··················· 36
    2.2.2　IP协议的核心功能 ··············· 38
    2.2.3　IP协议的扩展与优化 ············· 42
  2.3　IP化对通信网络安全的影响 ··········· 43
  2.4　IP网络的未来发展方向 ··············· 44
    2.4.1　IPv6的发展趋势 ················· 44
    2.4.2　软件定义网络的应用 ············· 45

  2.4.3　新一代网络协议QUIC ············· 48
  习题2 ································· 50
第3章　网络功能虚拟化 ················ 52
  3.1　虚拟化技术概述 ····················· 53
    3.1.1　虚拟化技术的分类 ··············· 54
    3.1.2　虚拟化技术的优势与挑战 ········· 58
    3.1.3　虚拟化技术的应用场景 ··········· 59
  3.2　网络功能虚拟化的发展与技术关联 ····· 61
    3.2.1　网络功能虚拟化的发展历程 ······· 61
    3.2.2　NFV与云计算的协同关系 ········· 63
    3.2.3　NFV与SDN的协同关系 ··········· 64
  3.3　网络功能虚拟化的架构与实现 ········· 66
    3.3.1　NFV的定义 ······················ 66
    3.3.2　NFV的参考架构 ·················· 67
    3.3.3　虚拟化和接口 ··················· 70
    3.3.4　网络功能虚拟化后的管理与编排 ··· 71
  3.4　NFV的挑战与机遇 ··················· 73
    3.4.1　NFV的性能挑战 ·················· 73
    3.4.2　NFV的安全挑战 ·················· 73
    3.4.3　NFV的市场机遇 ·················· 74
  习题3 ································· 75
第4章　网络融合多模态化 ·············· 77
  4.1　多模态通信技术 ····················· 78
    4.1.1　多模态通信概念与分类 ··········· 78
    4.1.2　多模态通信的关键技术 ··········· 81
    4.1.3　多模态通信的应用场景 ··········· 85
  4.2　网络融合技术 ······················· 87
    4.2.1　网络融合的基本概念 ············· 87
    4.2.2　网络融合的技术实现 ············· 89
    4.2.3　网络融合的应用 ················· 89
  4.3　多模态网络的实现与优化 ············· 92

4.3.1　多模态网络的架构设计 …………… 92
　　4.3.2　多模态网络的性能优化 …………… 93
　　4.3.3　多模态网络的服务质量 …………… 94
4.4　互融多模态网络的发展前景 …………… 95
　　4.4.1　互融多模态网络的技术趋势 ……… 95
　　4.4.2　互融多模态网络的市场前景 ……… 96
　　4.4.3　互融多模态网络的创新应用 ……… 97
习题 4 …………………………………………… 98

第 5 章　智能化网络 …………………………… 101
5.1　智能化网络基础 ………………………… 102
　　5.1.1　智能化网络的定义和架构 ………… 102
　　5.1.2　智能化网络的关键技术 …………… 105
　　5.1.3　智能化网络的应用场景 …………… 106
5.2　智能化网络的应用 ……………………… 107
　　5.2.1　智能化网络的应用概述 …………… 107
　　5.2.2　智能化网络在生态农庄的应用 …… 107
　　5.2.3　智能化网络在城市的应用 ………… 113
　　5.2.4　智能化网络在交通管理的应用 …… 120
　　5.2.5　智能化网络在电网的应用 ………… 127
5.3　智能化网络管理与维护 ………………… 132
　　5.3.1　智能化网络管理的概念 …………… 132
　　5.3.2　智能化网络维护的策略 …………… 133
　　5.3.3　智能化网络故障诊断 ……………… 135
5.4　智能化网络的未来发展 ………………… 137

　　5.4.1　智能化网络的技术演进 …………… 137
　　5.4.2　智能化网络的业务创新 …………… 139
　　5.4.3　智能化网络的挑战与机遇 ………… 140
5.5　智能化网络应用案例 …………………… 141
　　5.5.1　平台概述 …………………………… 141
　　5.5.2　核心组件 …………………………… 142
　　5.5.3　技术特性 …………………………… 142
　　5.5.4　应用场景 …………………………… 142
　　5.5.5　性能优势 …………………………… 143
习题 5 …………………………………………… 143

第 6 章　网络连接泛在化 ……………………… 145
6.1　泛在网络概念 …………………………… 146
　　6.1.1　泛在网络的定义与特征 …………… 146
　　6.1.2　泛在网络的架构与模型 …………… 146
　　6.1.3　泛在网络的关键技术 ……………… 148
6.2　泛在网络技术与标准 …………………… 150
　　6.2.1　泛在网络的通信技术 ……………… 150
　　6.2.2　泛在网络的协议标准 ……………… 154
　　6.2.3　泛在网络的接口技术 ……………… 156
6.3　泛在网络在不同场景下的应用 ………… 157
6.4　泛在网络的挑战与未来 ………………… 158
　　6.4.1　泛在网络的安全挑战 ……………… 158
　　6.4.2　泛在网络的可持续发展 …………… 159
习题 6 …………………………………………… 160

第 1 章　通信技术数字化

学习目标

- 理解数字通信的发展历程和数字信号的分类与特性。
- 掌握数字通信系统的基本组成和数字信号处理的关键技术。
- 分析数字通信的优势和面临的技术挑战。
- 探讨数字通信的安全性问题,并评估数字化转型的成效。

案例引导

1947年12月,贝尔实验室的约翰·巴丁(John Bardeen)和沃尔特·布拉顿(Walter Brattain)成功研制出第一个点接触式晶体管,如图1-1所示。这项发明为后续的数字设备提供了基本的电子开关功能,被视为数字通信技术发展的重要基石。

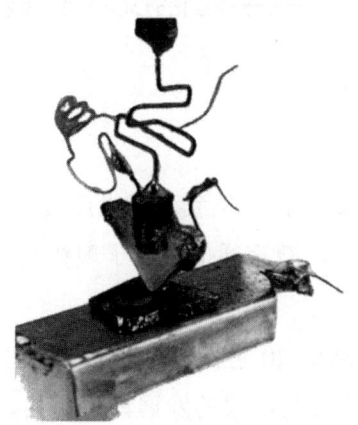

图 1-1　点接触式晶体管示意图

1962 年,贝尔实验室研制的全球首个商用数字传输系统在伊利诺斯贝尔电话公司正式启用。图 1-2 描绘了工程师们监控计算设备和电话交换系统的场景。与以往采用的连续电波(模拟)电话系统不同,该商用数字传输系统采用二进制代码以数字方式传送电话呼叫,可在两对铜线上传输 24 个高质量电话呼叫,标志着世界电信业开始步入数字高速通信时代。

1973 年,贝尔实验室紧接美国康宁公司之后,研制出超透明纤维,推动了光纤通信的革命性进展。从 20 世纪 70 年代开始,贝尔实验室成为世界通信高新技术的前导力量,将传统的电缆通信推进到光纤通信，使大量的语音、图像、数据信号通过头发丝般细的光纤传输。

贝尔实验室也是数字交换机的诞生地，这些设备使得电话网络能够更高效地处理数字信号，进一步推动了从模拟通信到数字通信的转变。

图 1-2　伊利诺斯贝尔电话公司工程师工作场景图

1.1　数字通信技术的演进

1.1.1　数字通信的发展历程

数字通信技术的发展经历了从模拟通信到现代高度复杂的数字化通信网络的过程。随着计算机技术和信息理论的不断进步，数字通信成为了现代通信的核心。

1. 早期发展

数字通信的发展历程可以追溯到 20 世纪初。在 20 世纪初，通信系统主要依赖模拟信号进行数据传输。数字通信的早期历史与电报的发展紧密相关。传统的电话、广播和电报等通信方式使用的都是模拟信号，信号的质量容易受到噪声干扰，传输效率低下。

1937 年，英国人亚历克·里弗斯（Alec Reeves）提出了脉冲编码调制（Pulse Code Modulation，PCM）技术。这项技术标志着数字通信的诞生，推动了模拟信号数字化的进程。PCM 通过对模拟信号进行采样、量化和编码，将模拟信号转化为数字信号，从而实现了更可靠的信号传输。1948 年，克劳德·香农（Claude Shannon）发表了划时代的论文——《通信的数学理论》，奠定了现代信息论的基础。香农定律提出了信道容量的概念，并且指出了信号处理、编码理论在提高传输效率方面的重要性。这些技术为数字通信的发展奠定了基础。

2. 关键技术和标准化

20 世纪 60 年代初，模拟异步低速数据通信开始发展。70 年代初，分组交换技术出现。70 年代末期，数字数据网络（Digital Data Network，DDN）和局域网（Local Area Network，LAN）开始兴起。80 年代，综合业务数字网（Integrated Services Digital Network，ISDN）和帧中继（Frame Relay，FR）技术得到应用。90 年代，异步传输模式（Asynchronous Transfer Mode，ATM）和互联网（Internet）的发展进一步推动了数字通信的进步。

3. 现代应用和发展趋势

进入 21 世纪，数字通信技术继续快速发展。光纤通信系统、卫星通信网络、互联网与数据包传输、移动通信（4G/5G）以及物联网与人工智能的融合，成为当前和未来的发展趋势。光纤通信系统提供了高速、大容量的传输能力，卫星通信网络则扩展了覆盖范围，而移动通信的爆发式增长尤其显著。

4. 我国的发展历程

我国数字通信的发展也经历了多个阶段。1987 年，我国确定了以全入网通信系统（Total Access Communications System，TACS）制式作为模拟制式蜂窝移动电话的标准，这标志着我国正式进入移动通信时代。1993 年，我国跨入 2G 时代，实现了数字调制和短信功能。2009 年，我国发放 3G 牌照，进一步推动了移动通信的发展。如今，我国已经进入了 5G 时代，并在全球范围内处于领先地位。

1.1.2 数字通信系统的基本组成

数字通信系统是一种传输数字信号的系统，它由多个基本组件组成，以确保信息的准确传输和接收。数字通信系统的基本组成包括发送端、接收端和信道等，如图 1-3 所示。每个部分都在数据的传输过程中起着至关重要的作用。

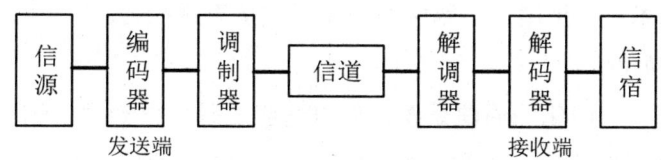

图 1-3　数字通信系统组成简图

1. 发送端

发送端负责将源信号（如语音、图像、视频等）转化为数字信号，并进行必要的处理。发送端通常包括以下几个组件：

（1）信源：信息传递的起点，负责将原始信息转换为电信号。

（2）编码器：将原始信号编码成数字格式，通常采用 PCM 技术。

（3）调制器：将数字信号转化为适合传输的调制信号，以便通过通信信道进行传输。

2. 接收端

接收端负责接收信号，并将其还原为原始信息。接收端的主要功能组件如下：

（1）解调器：对接收到的信号进行解调，恢复出原始的数字信号。

（2）解码器：将解调后的数字信号解码为原始的语音、图像或其他数据形式。

（3）信宿：信息传递的终点，负责将电信号转换回原始信息。

3. 传输介质

传输介质是信号从发送端到接收端传输的媒介，可能是有线的（如光纤、同轴电缆等），也可能是无线的（如电磁波、光波等）。传输介质的选择直接影响到信号的传输质量和带宽。

4. 信道

信道是指信号在传输过程中所经过的路径。信道可能受到噪声、干扰和衰减的影响，因此需要使用信道编码技术来确保数据的可靠性。

1.1.3 数字化趋势对现代通信的影响

随着技术的不断进步，数字化已成为现代通信的主流趋势，极大地改变了通信系统的设计和运行方式。数字化趋势对现代通信的影响体现在以下几个方面。

1. 更高的传输速率与带宽效率

数字通信技术能够有效地利用有限的带宽，提高传输速率和带宽利用率。例如，现代调制技术（正交频分复用、多输入多输出等）使得数据传输更加高效，能够支持高清视频、虚拟现实等高带宽应用。

2. 更加可靠和抗干扰

数字信号相比模拟信号更加不容易受噪声干扰，能够提高传输的可靠性。此外，信道编码技术和调制解调技术进一步增强了数字通信系统的抗干扰能力。

3. 智能化与自动化

数字化趋势带来了智能化的通信系统，如自适应编码、自动频率调整和智能流量管理等技术。智能通信系统能够根据网络状况自动调整策略，提高通信效率并减少人为干预。

4. 网络融合与全媒体通信

数字化促进了不同通信网络之间的融合，例如，数据网络、语音网络和视频网络逐步实现统一。在未来，网络融合将进一步提升通信的便捷性与跨平台服务能力，用户可以通过一台设备同时享受语音、数据和视频通信。

5. 5G及未来技术的推动

数字化趋势使得5G及更高阶段的通信技术成为可能。5G将带来低延迟、大连接、高速率的通信体验，推动物联网、智能城市、车联网等应用的落地。而6G、量子通信等技术的研究，将进一步突破现有通信技术的瓶颈，实现更加智能、高效和安全的全球通信网络。

6. 全球互联互通与大数据时代的到来

数字化趋势推动了全球范围内的通信网络互联互通，不仅促进了全球经济一体化，还使得大数据时代到来。大数据与人工智能技术将更好地应用于通信领域，提高网络运营的智能化水平。

1.2　数字通信基础理论

1.2.1　数字信号的概念

数字信号是通过离散的数值表示信息的信号，它在时间和幅度上都是不连续的。与模拟信号不同，数字信号用有限的数值（通常是二进制）来表示信息。

模拟信号转化为数字信号的过程通常被称为模数转换（Analog to Digital Conversion，ADC）。这一过程涉及将连续的模拟信号转化为离散的数字信号，图1-4显示了模数转换过程。图1-5是对图1-4中（a）～（d）的补充，展示了信号模数转换参数。

1. 采样

采样是指对连续的模拟信号在特定的时间间隔上截取离散的值。采样的频率需要满足奈奎斯特采样定理，即采样频率至少是信号最高频率的两倍。采样过程将模拟信号转化为离散时间信号。

2. 量化

量化是指将每个采样值映射到离散的数字幅度上。模拟信号的幅度是连续的，而数字信号的幅度是离散的，因此量化过程会有一定的误差，称为量化误差。量化误差的大小与量化级数和信号的动态范围有关。

3. 编码

编码是指将量化后的离散幅度值转化为二进制数字。通常，使用固定的比特数（如8位、16位）表示每个量化后的样本值。编码后的数字信号可以通过数字通信系统传输，如图1-4所示。

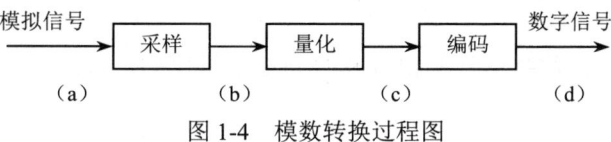

图1-4　模数转换过程图

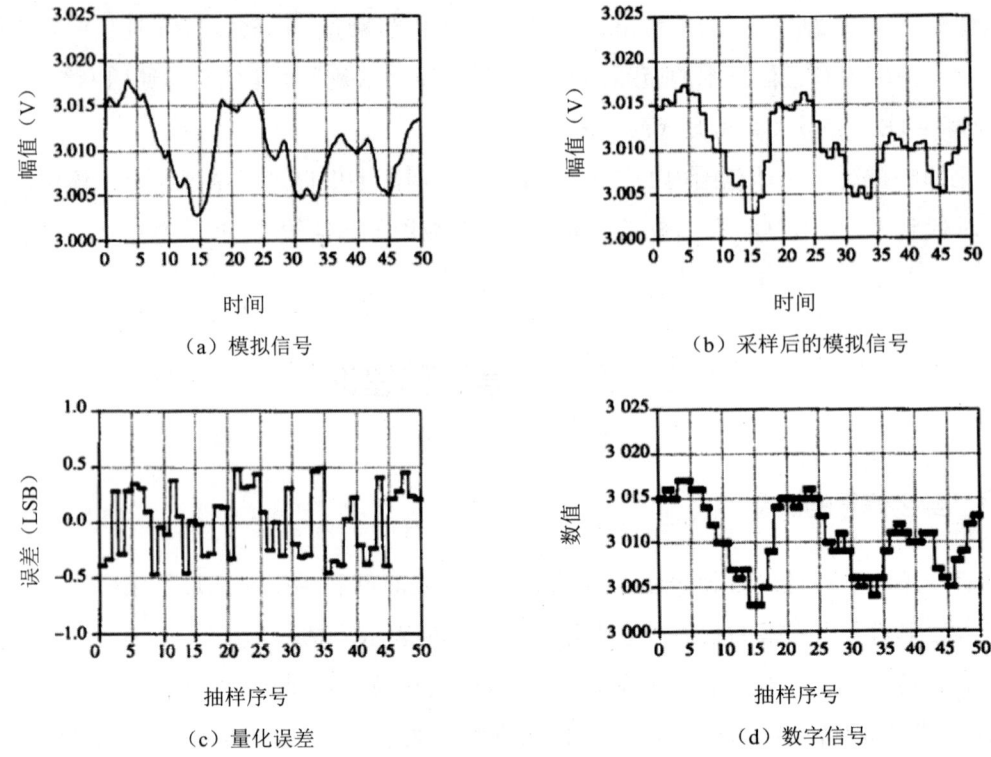

图 1-5 信号模数转换示意图

模数转换器（Analog-to-Digital Converter，ADC）是完成这一转化过程的硬件设备。ADC 将模拟信号的连续电压值转换为数字信号，供计算机或其他数字设备进一步处理。

1.2.2 数字信号的特点与分类

相对于模拟信号来说，数字信号有更强的抗干扰能力和更高的处理效率，它在通信系统、计算机科学、数字图像处理等领域中扮演着重要角色。

1. 数字信号的特点

（1）离散性：数字信号具有离散的幅度和时间特性。在时间轴上，信号是按照固定的时间间隔采样得到的，信号的幅度则以离散的数值表示。

（2）抗干扰性：由于数字信号的值是离散的，因此能够较好地抵抗噪声和干扰。即使信号在传输过程中受到噪声影响，接收端也能通过纠错技术进行恢复。

（3）易于存储与处理：数字信号可以方便地被存储、复制和传输，且便于使用现代计算机技术进行处理和分析。

（4）可量化与编码：数字信号的幅度和时间都是量化的，可以用二进制编码表示，便于数字计算和自动化处理。

2. 数字信号的分类

数字信号可以根据不同的标准进行分类，主要有以下几种方式：

（1）按信息内容分类：

1）离散时间信号：在时间上是离散的，但信号幅度可以是连续的。常见于数字信号处理中的采样信号。

2）离散幅度信号：在时间和幅度上都是离散的，通常用于信息传输中，例如二进制信号。

（2）按信号的用途分类：

1）基带信号：即不经过调制的信号，通常为低频信号，直接传输数字信息。

2）经过调制的信号：通常是高频信号，经过调制后传输，例如在无线通信中使用的频率调制或相位调制信号。

（3）按频谱特性分类：

1）宽带信号：占用较宽的频带宽度，适用于高速数据传输。

2）窄带信号：占用较窄的频带宽度，适用于低速通信。

1.2.3 数字信号处理的核心技术

数字信号处理（Digital Signal Processing，DSP）是对数字信号进行有效处理的技术。它主要通过算法对采样后的数字信号进行分析、滤波、变换、压缩等处理，以实现信息提取、增强信号质量、降噪等目的。数字信号处理中的核心技术包括傅里叶变换、滤波技术、卷积与相关分析、自适应滤波、小波变换、语音与图像处理、信号压缩技术、误差检测与纠正技术、神经网络与深度学习技术等。

1. 傅里叶变换

傅里叶变换（Fourier Transform）是以法国数学家和物理学家吉恩·巴蒂斯特·约瑟夫·傅里叶（Jean Baptiste Joseph Fourier）的名字命名的。傅里叶变换是一种将信号从时域转换到频域的数学工具，广泛应用于信号处理、图像处理、通信等领域。

2. 滤波技术

数字滤波器用于去除信号中的噪声或不需要的频率成分。常见的滤波技术有低通滤波器、高通滤波器、带通滤波器和带阻滤波器。滤波技术可分为有限脉冲响应（Finite Impulse Response，FIR）滤波器和无限脉冲响应（Infinite Impulse Response，IIR）滤波器两种。

3. 卷积与相关分析

卷积是数字信号处理中的一种基本操作，广泛应用于图像处理、语音识别等领域。相关分析则用于检测信号之间的相似性，常用于信号同步和特征提取。

4. 自适应滤波

自适应滤波器能够根据输入信号的变化动态调整滤波器的参数，广泛应用于噪声消除、回声抑制等领域。

5. 小波变换

小波变换是一种分析信号时频特性的技术，可以在不同尺度上分析信号的局部特性。小波变换适用于非平稳信号，如语音和图像处理。

6. 语音与图像处理

在语音处理方面，数字信号处理用于语音识别、语音合成、噪声抑制等；在图像处理方面，数字信号处理用于图像增强、边缘检测、图像复原等。

7. 信号压缩技术

信号压缩技术用于减少数字信号所需的存储空间和传输带宽。常见的压缩算法有霍夫曼编码、离散余弦变换等，在图像、音频和视频信号处理中有广泛应用。

8. 误差检测与纠正技术

数字信号处理中，误差检测与纠正是保证信号传输可靠性的重要技术。常用的技术包括奇偶校验、循环冗余校验、汉明码等。

9. 神经网络与深度学习

传统数字信号处理技术依赖数学模型和算法（如傅里叶变换、滤波器设计），但在复杂非线性场景（如噪声抑制、信号分类）中存在局限性。近年来，神经网络与深度学习的引入为 DSP 提供了新的解决方案，广泛应用于语音与图像处理、无线通信系统、医学信号分析等。

总之，数字信号处理和数字通信密切相关，模拟信号到数字信号的转化是现代通信系统的核心技术之一，数字信号的特性和分类为数字通信提供了理论基础。而数字信号处理则通过各种技术，如频域分析、滤波、压缩和纠错，提升了数字通信的质量和效率。通过不断优化这些技术，现代数字通信系统能够支持更多样化、复杂的通信需求。

1.3　新一代通信技术

1.3.1　5G 技术的关键特性与应用

5G 技术是第五代移动通信技术。它在前几代技术的基础上，采用了许多新的技术突破，以应对未来高速数据传输、低延迟、高密度设备接入等挑战。2019 年 6 月 6 日，我国 5G 商用牌照正式发放，10 月 31 日正式商用启动。随着 5G 网络的建设部署、商用，利用 5G 网络的特点为垂直行业赋能，已成为智慧城市发展过程中最受关注的话题之一。通过 5G 技术连接各类传感器和设备,在智慧交通、智慧安防、智慧环保、智慧医疗等垂直行业已有试点项目进行试验,与 5G 网络的技术发展相辅相成❶。

5G 技术使得 V2X 等车辆与外界通信手段日益丰富,形成"云管端"一体化新型交通架构,为智能交通新场景的实现创造有利条件。图 1-6 展示了 5G 智慧交通架构体系图。

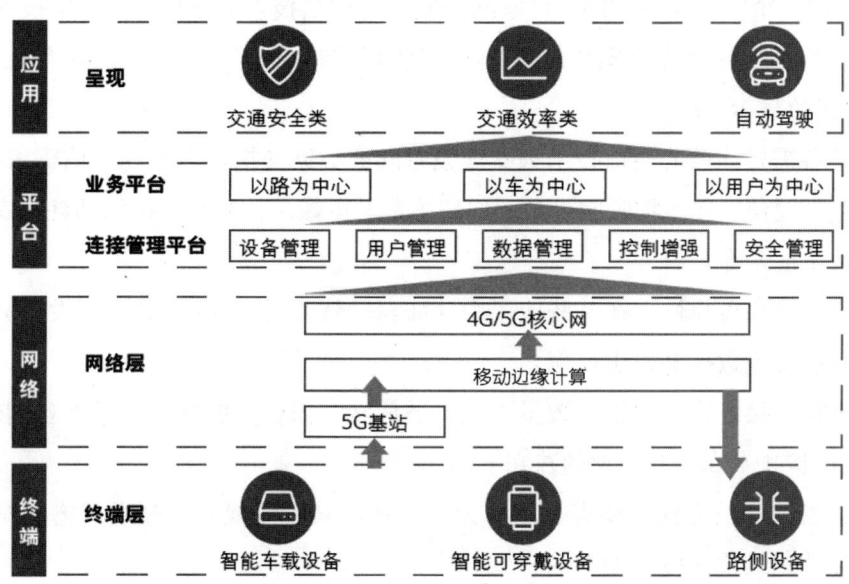

图 1-6　5G 智慧交通架构体系

5G 技术的关键特性包括以下几点。

1. 高速率

5G 网络的理论下载速率可达到 10Gbps(bits per second),比 4G 的速度提高了约 100 倍。这使得高清视频、虚拟现实、增强现实等大带宽应用成为现实,推动了多媒体内容的普及。

2. 低延迟

5G 技术的延迟可低至 1ms,这为需要快速响应的应用(如自动驾驶、远程医疗、工业自动化等)提供了可能,解决了 4G 网络中的延迟瓶颈。

3. 大规模连接

5G 能够支持每平方千米百万级的设备连接,为物联网等场景提供了支持。5G 网络在支持海量设备连接方面比 4G 更具优势,能满足智能家居、智慧城市等应用的需求。

4. 高可靠性与灵活性

5G 通过网络切片技术,可以为不同的应用提供定制化的网络服务,确保不同应用场景中的可靠性和性能。例如,自动驾驶车辆可能需要高可靠性、低延迟的网络,普通的互联网应用

---

❶ 5G 赋能智慧城市白皮书 http://www.caict.ac.cn/kxyj/qwfb/bps/。

可能需要在较高的带宽条件下运行，5G 网络能更好地满足这些需求。

1.3.2 物联网与通信技术

物联网（Internet of Things，IoT）是指通过互联网将物品与物品、物品与人、物品与系统连接起来，形成一个智能化的网络。物联网的发展与通信技术紧密相关，通信技术的不断进步为物联网的普及和发展提供了技术支撑。以下是物联网与通信技术结合的几个关键点。

1. 物联网的核心需求

物联网设备需要高效的通信技术来实现设备间的数据交换，常见的通信需求如下：

- 低功耗通信：许多物联网设备（如传感器、穿戴设备）需要在低功耗状态下工作，以延长电池寿命。
- 低延迟和高可靠性：在某些应用中（如自动驾驶、工业控制等），设备需要在极短的时间内交换数据并作出反应。
- 大规模连接：物联网设备数量庞大，通信网络需要能够支持大量设备同时接入。

2. 无线通信技术在物联网中的应用

物联网设备的通信方式主要有有线和无线两种，其中无线通信技术在物联网中得到了广泛应用。常见的无线通信技术如下：

- Wi-Fi：适用于家庭、办公室等高带宽需求的场景。
- 蓝牙（Bluetooth）：广泛用于短距离、低功耗的设备连接，如智能家居、健康监测设备。
- Zigbee：低功耗、低速率的无线技术，常用于智能家居、工业自动化。
- LoRa（Long Range）：适用于大范围低功耗通信的场景，广泛应用于农业、城市管理等领域。
- NB-IoT（窄带物联网）：专门为大规模、低功耗、广覆盖的物联网应用设计，适用于智能抄表、智慧停车等场景。

3. 5G 与物联网的结合

5G 网络的高速率、低延迟和大连接能力为物联网的发展提供了重要保障，5G 将推动智能家居、智能城市、自动驾驶等领域的应用发展。例如，5G 的低延迟特性可以保证物联网设备在实时控制和数据交换中具有更高的响应速度。

4. 物联网的应用

物联网可以应用于智能家居、智慧城市、智能农业、健康医疗等领域，在智能家居领域，物联网设备可以通过互联网连接，实现家居设备的远程控制和自动化管理。智慧城市使用物联网收集实时数据，以更好地了解需求模式的变化。物联网可以帮助城市管理者实时监控环境、交通、能源等数据,提高城市管理效率。在智能农业中,通过传感器和物联网技术,可以实时监测土壤湿度、温度等数据,实现精准农业。此外,物联网设备在健康医疗中可以实现对患者的实时监测和远程诊断,提升医疗服务质量。

1.3.3 人工智能在通信中的应用

人工智能(Artificial Intelligence,AI)是指模拟、延伸和扩展人类智能的技术,广泛应用于多个领域。在通信行业,人工智能与通信技术的结合正逐步改变网络的管理、优化和服务。表 1-1 列举了人工智能在通信领域中的一些具体应用、功能及优势。

表 1-1 人工智能在通信领域中的具体应用、功能及优势

应用领域	具体应用	功能及优势
网络优化与管理	自组织网络	自动化配置、优化和修复网络;减少人工干预,提高运行效率
	网络流量预测与拥塞管理	预测流量趋势,提前调整资源分配;避免网络拥塞,提升稳定性
智能服务与客户体验	聊天机器人	AI 客服自动处理问题、提供 24 小时服务;提高客户满意度,降低人工成本
	智能推荐系统	分析用户行为,推荐个性化服务或产品;提升用户体验,增加用户黏性
智能网络安全	入侵检测系统	分析网络流量,识别异常活动,阻止网络攻击;提高网络安全性,减少攻击风险
	恶意软件检测	自动识别新型恶意软件和病毒,提高防护能力;增强安全性,降低安全风险
智能数据分析与优化	大数据分析	处理和分析海量数据,优化网络资源分配;确保网络高效运行,提高资源利用率
	自动化网络部署与运维	AI 辅助网络自动化运维和故障修复降低人工操作复杂性,提高运营效率

1. 网络优化与管理

传统的通信网络管理依赖人工和规则驱动的方式,效率较低且容易出错。人工智能的引入使得网络管理更加自动化和智能化。AI 可以分析网络流量、检测故障、预测网络拥塞等,进行动态调整和优化。

- 自组织网络(Self-Organized Network,SON):AI 可以帮助网络自动化配置、优化和修复,减少人工干预,提高网络运行效率。
- 网络流量预测与拥塞管理:通过机器学习技术,AI 可以分析历史网络流量数据,预测未来流量趋势,提前采取措施避免网络拥塞。

2. 智能服务与客户体验提升

人工智能可以通过大数据分析和自然语言处理技术，提供个性化的客户服务体验。例如，AI 客服可以自动处理客户的常见问题，提供 24 小时服务，提升客户满意度。

- 聊天机器人（Chatbot）：通过自然语言处理技术，AI 客服系统能够与用户进行自然对话，解答问题、处理投诉等。
- 智能推荐系统：AI 可以通过分析用户的行为和偏好，推荐个性化的服务或产品，提升用户体验。

3. 智能网络安全

网络安全是通信中的一个重要问题。人工智能可以通过深度学习、行为分析等技术，提高网络的安全防护能力，识别潜在的网络攻击和安全威胁。

- 入侵检测系统（Intrusion Detection System，IDS）：AI 可以通过分析网络流量和用户行为，自动识别异常活动，及时发现并阻止网络攻击。
- 恶意软件检测：AI 可以自动学习并识别新型的恶意软件和病毒，提高网络的防护能力。

4. 智能数据分析与优化

- 大数据分析：通信网络中产生的数据量巨大，人工智能能够帮助处理和分析这些大数据，提取有价值的信息，进行实时优化。例如，AI 可以分析用户的使用模式、流量需求等，调整网络资源分配，确保网络的高效运行。
- 自动化网络部署与运维：AI 可以帮助通信公司实现网络自动化部署与维护，减少人工操作的复杂性，提高网络运营效率。通过 AI 技术，网络可以在发生故障时自动进行修复，甚至在没有人工干预的情况下进行自我优化和调整。

1.4 数字通信与企业数字化转型

1.4.1 企业数字化转型实例

企业数字化转型是指企业利用数字通信技术重新构建其业务流程、提升效率和创新服务的过程。以下是几个企业数字化转型的典型案例，展示了数字通信技术如何推动企业的创新与变革。

【案例 1】西门子数字化转型

西门子是一家全球领先的科技公司，其在数字化转型过程中，重点发展了基于云计算、物联网和工业 4.0 技术的智能制造解决方案。西门子通过数字孪生技术，在生产线中建立虚拟模型，实时监控生产过程以提高效率、减少浪费，并增强对市场需求变化的应对能力。数字化转型还使西门子能够在全球范围内优化资源配置，为客户提供定制化的智能解决方案。

【案例 2】亚马逊的数字化零售

作为全球最大的在线零售商，亚马逊的数字化转型案例涵盖了从物流到客户体验的方方面面。亚马逊利用云计算平台 AWS（Amazon Web Services）为全球企业提供云服务，并且通过大数据分析预测消费者需求，提升销售效率。此外，亚马逊的无人机配送系统和无人零售店（Amazon Go）展示了数字化技术如何重塑传统零售业务，提高运营效率和顾客满意度。

【案例 3】沃尔玛的供应链数字化

沃尔玛利用物联网和大数据技术，优化其全球供应链管理。通过实时跟踪产品的运输状态，沃尔玛能够更精确地预测库存需求，减少库存积压和缺货问题。此外，沃尔玛还使用人工智能分析顾客购买习惯，从而提供个性化推荐，增强顾客购物体验。数字化转型使沃尔玛在全球零售行业保持竞争力。

1.4.2 数字化转型的策略与方法

数字化转型并非一蹴而就的过程，而是逐步推进、持续创新的战略。企业需要根据自身的特点和目标，采取合适的数字化转型策略和方法。以下是一些常见的数字化转型策略和方法。

1. 以客户为中心的数字化转型

企业在进行数字化转型时，首先需要关注客户需求，改善客户体验。例如，通过分析客户数据来提供个性化服务，使用移动应用、社交媒体等数字渠道与客户互动，提升客户参与感和满意度。以客户为中心的转型不仅能够增加销售额，还能提高客户的品牌忠诚度。

2. 云计算与数据驱动决策

云计算使企业能够灵活地处理和存储大量数据，通过大数据分析来优化决策过程。企业可以通过云服务获取实时数据，进行精准的市场预测和业务规划。此外，云计算为企业提供了弹性计算资源，帮助企业更高效地管理成本和资源。

3. 跨部门协作与信息共享

数字化转型要求企业打破部门间的信息壁垒，构建跨部门协作机制。通过数字化平台，企业可以促进内部知识共享和信息流动，提高沟通效率。例如，企业内部使用集成平台（如 ERP、CRM 等）管理客户关系、生产计划和供应链信息，实现资源的最优配置。

4. 智能化、自动化与机器人技术

企业还可以通过智能化、自动化技术提高生产效率和降低人工成本。人工智能和机器学习可以帮助企业在生产、销售、服务等方面实现智能决策和预测，进一步提升运营效率。自动化生产线和机器人技术在制造业中的应用，极大提高了生产的灵活性和精度。

5. 文化转型与员工培训

数字化转型不仅是技术的变革，更是文化的变革。企业需要培养创新的企业文化，鼓励员工接受新技术，开展相关培训，提升员工的数字化技能。同时，管理层也应树立数字化领导力，引导员工共同参与数字化转型的进程。

1.4.3 数字化转型的成效评估

数字化转型的成效评估不仅帮助企业了解转型进度，还能为未来的决策提供重要依据。评估数字化转型的成效需要通过定量和定性相结合的方法，综合考虑业务效率、客户体验、市场竞争力等多维度因素。

1. 经济效益评估

成本效益：评估数字化转型是否有效降低了企业运营成本，特别是通过自动化、云计算和智能化工具减少的劳动力成本和时间成本。

收益增长：评估通过数字化手段提升的产品或服务的销售额、开辟的新的收入渠道，或通过市场拓展和客户留存增加的企业的整体收入。

2. 客户体验评估

客户满意度：通过客户调查和反馈，评估数字化转型对客户体验的改善程度，如响应速度、服务质量、个性化体验等方面的提升。

用户活跃度：通过分析数字平台上客户的使用情况，如网站访问量、应用下载量、社交媒体互动等，来评估客户的参与度和忠诚度。

3. 流程效率评估

运营效率：评估通过数字化转型是否提升了内部流程的效率，如生产周期缩短、库存管理优化、供应链反应速度加快等。

业务连续性：评估数字化转型对业务连续性的支持，特别是通过云计算和大数据等技术实现的无缝运营和灾难恢复能力。

4. 技术适应性与创新能力评估

技术创新：评估企业在数字化转型过程中是否具备创新能力，例如新技术的研发、技术应用的多样性等。

适应性：评估企业能否适应快速变化的技术环境，并有效地将新兴技术如人工智能、区块链等融入现有业务模式。

5. 组织文化与员工满意度评估

员工满意度：通过员工反馈，评估数字化转型对员工的影响，特别是新技术的应用是否提高了工作满意度，员工对培训、支持和工作的适应情况。

文化转型：评估企业文化是否发生了积极的变化，如在创新、协作、透明度等方面的变化。

总之，企业数字化转型不仅仅是技术层面的更新，更是业务流程、组织结构和文化的深刻变革。通过有效的策略和方法，企业能够在转型过程中获得明显的经济效益和竞争优势。与此同时，评估数字化转型的成效可以帮助企业更好地把握转型进程，调整策略，确保转型成功。

习 题 1

一、选择题

1. 数字通信技术相较于模拟通信技术的主要优势是（ ）。
    A. 成本更低　　　　　　　　　B. 抗噪声能力强
    C. 传输距离更远　　　　　　　D. 实现简单
2. 数字信号与模拟信号的主要区别在于（ ）。
    A. 数字信号是连续的，模拟信号是离散的
    B. 数字信号可以更容易地进行存储和处理
    C. 数字信号对噪声更为敏感
    D. 数字信号无法进行压缩
3. 5G 技术相比于 4G 的主要优势是（ ）。
    A. 速度更快，延迟更低　　　　B. 信号传输距离更远
    C. 只支持语音和数据传输　　　D. 网络容量较小
4. 以下对于企业数字化转型的实施至关重要的技术是（ ）。
    A. 人工智能　　　　　　　　　B. 大数据分析
    C. 云计算　　　　　　　　　　D. 以上都是

二、填空题

1. 数字通信系统的基本组成部分包括信息源、信源编码器、调制器、_____、接收器和信道解码器。
2. 物联网（IoT）利用_____技术实现设备之间的通信，推动智能家居、智慧城市等领域的发展。

三、判断题

1. 数字通信系统中，调制技术主要用于将数字信号转化为模拟信号，适应传输媒介的

要求。( )

2. 在数字信号处理中,傅里叶变换用于将信号从时域转换为频域,分析其频谱特性。( )

3. 人工智能技术在通信网络中的应用主要体现在网络流量管理和故障诊断上。( )

4. 数字化转型的成效评估通常仅关注技术层面的实现效果,忽略企业管理层面的变化。( )

第 2 章　通信网络 IP 化

学习目标

- 掌握 IP 网络的基本概念、IP 地址与子网划分。
- 理解 TCP/IP 协议栈和 IP 协议的核心功能。
- 分析 IP 化对通信网络架构、服务提供和网络安全的影响。
- 探讨 IPv6 的发展趋势、软件定义网络的应用。

案例引导

中国电信集团有限公司（简称"中国电信"）与中国联合网络通信集团公司（简称"中国联通"）合作共建 5G 接入网，这种合作模式弥补了双方资金的短板，有效缓解了网络资源能力方面的竞争压力。数据显示，截至 2022 年上半年，双方累计开通 5G 共建共享基站 86 万站，接近中国移动 5G 基站总量。这种合作为国家节约投资 2100 亿元，节约运营成本超过 200 亿元/年，减少污染排放 600 万吨。

中国电信提出了 5G 核心网三层解耦商用化目标，通过硬件层、虚拟化层、网元应用层三层解耦，构建自主可控、合作开放的网络云生态，打造以自研虚拟化产品为核心的网络云底座技术体系。这种云化以高性能电信云虚拟化产品为核心构建网络云底座，支持国产芯片服务器，已完成中兴、华为 5G 核心网业务，福富、华为视频彩铃业务、5G 消息业务三层解耦验证。相对于传统模式，可节省设备投资 20%。

中国电信通过智能化赋能网络运行优化，例如利用 AI 技术结合 4G 网络大数据与链路差异算法，使 5G 网络规划变得更加精准高效，这不仅降低了投资成本，提升了网络覆盖效率，也可更加便捷地响应市场需求，优化用户体验。

中国电信在泉州地区利用 IP 多媒体子系统（IP Multimedia Subsystem，IMS）对现网公共交换电话网络（Public Switched Telephone Network，PSTN）进行改造，实现了网络转型。IMS 网改方案实现了对所有现网业务的 100%继承，包括个性化的秘书业务等，使 IMS 用户的体验与现网业务体验完全相同。通过智能业务触发网关（IP Multimedia Service Switching Function，IM-SSF）与现网智能业务互通的解决方案，为 IMS 用户提供现网智能业务，支持多业务嵌套。这种转型不仅提升了用户体验，也降低了网络运营和维护的成本。

中国电信在 IP 化转型的过程中，不仅提高了网络效率，还显著降低了成本，实现了网络的现代化和智能化，为用户提供了更好的服务。这些实践展示了传统电信运营商通过技术革新和合作模式创新来适应数字化转型的趋势。

2.1 IP 网络基础

2.1.1 IP 网络的基本概念

IP 网络是基于互联网协议（Internet Protocol，IP）构建的全球性网络系统，它允许不同设备通过唯一的 IP 地址进行数据传输和通信。IP 协议定义了数据包的格式和寻址方式，使得信息能够在复杂的网络路径中正确地从源头传输到目的地。IP 网络的核心功能包括路由选择、数据包分发和错误检测。它支持多种服务类型，如电子邮件、网页浏览和文件传输，是现代互联网通信的基石。通过 IP 地址，网络设备能够识别和定位彼此，实现全球范围内的互联互通。

以下是 IP 网络的一些详细基本概念。

1. 互联网协议

IP 是 TCP/IP 协议族中的核心协议，现已经推出 IPv4 和 IPv6 两个版本，如图 2-1 所示，工作在开放式系统互连（Open Systems Interconnection，OSI）模型的第三层，即网络层。它负责将数据封装成 IP 数据包，并在不同网络之间传输这些数据包。

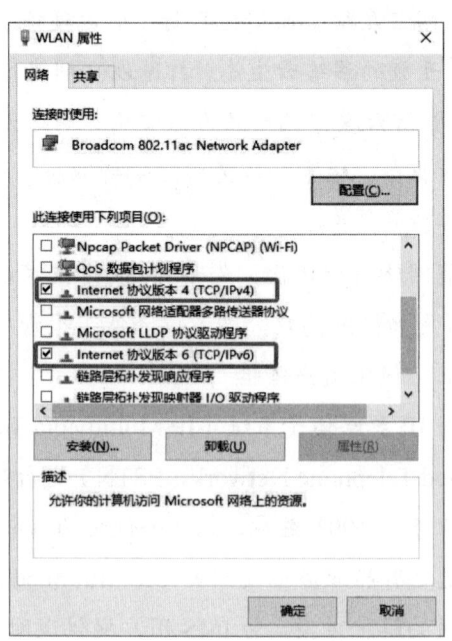

图 2-1　网络连接的 IPv4 协议和 IPv6 协议

IP 协议是面向无连接的，这意味着它不保证数据包的顺序、完整性或可靠性。

2. IP 地址

IP 地址是分配给网络中每个设备的唯一标识符，用于在网络中定位和识别设备。

有两种主要的 IP 地址版本：IPv4 和 IPv6。

IPv4：由 32 位二进制数构成，通常以点分十进制形式表示（如 192.168.1.1）。

IPv6：由 128 位二进制数构成，以冒号分隔的十六进制形式表示（如 2001:0db8:85a3:0000:0000:8a2e:0370:7334）。

3. 子网掩码

子网掩码（Subnet Mask）用于将 IP 地址划分为网络地址和主机地址两部分，以确定 IP 地址中哪部分用于标识网络，哪部分用于标识特定的主机。

子网掩码通常与 IP 地址一起使用，以确定两个 IP 地址是否在同一网络中，如图 2-2 所示。

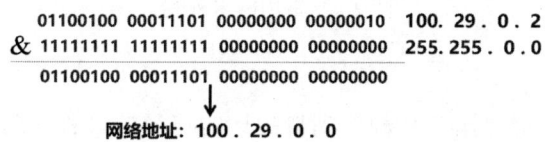

图 2-2　IP 地址通过子网掩码得出网络地址

4. 默认网关

默认网关（Default Gateway）是网络中用于转发数据包到其他网络的设备，通常是路由器。当一个设备需要发送数据到不同网络时，它会将数据发送到默认网关。网络连接的默认网关设置如图 2-3 所示。

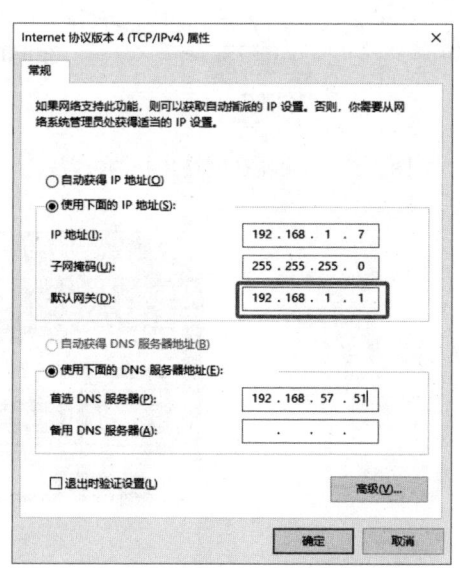

图 2-3　网络连接的默认网关设置

5. 网络接口卡

网络接口卡(Network Interface Card,NIC),也称为网卡,是计算机硬件的一部分(图2-4),用于将设备连接到网络。它具有一个MAC地址,这是网络层以下的唯一标识符。

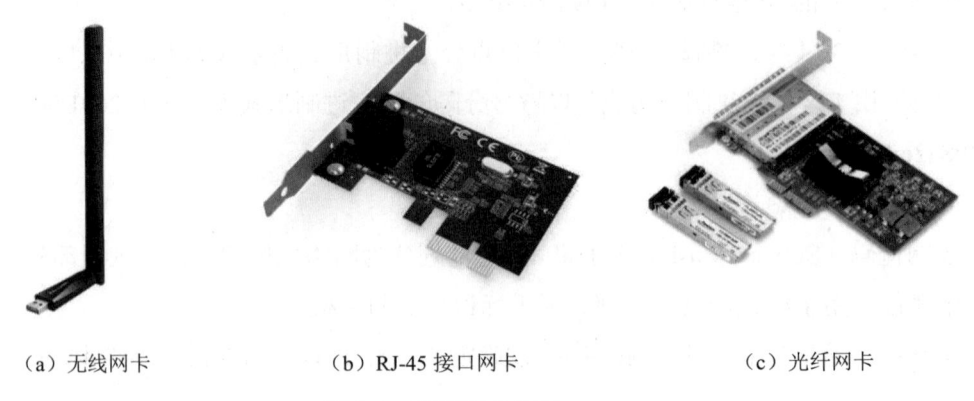

(a) 无线网卡　　　　　(b) RJ-45接口网卡　　　　　(c) 光纤网卡

图2-4　常用网卡外观

6. 路由

路由(Routing)是决定数据包从源头到目的地的路径的过程。路由器是执行路由的设备,它们使用路由表来确定最佳路径,如图2-5和图2-6所示。

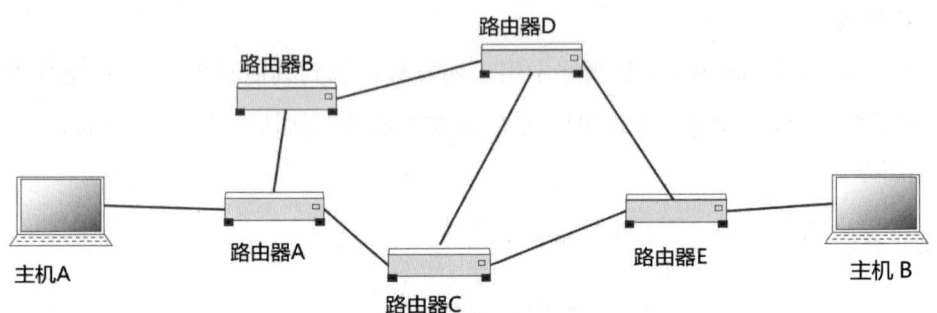

图2-5　路由器在网络拓扑的位置

(a) 边缘路由器　　　　　　　　　(b) 运营级路由器

图2-6　常见路由器

7. 网络地址转换

网络地址转换（Network Address Translation，NAT）是一种技术，允许多个设备共享单个公共 IP 地址。它在私有网络和公共网络之间转换地址，使得多个设备能够使用互联网，如图 2-7 所示。

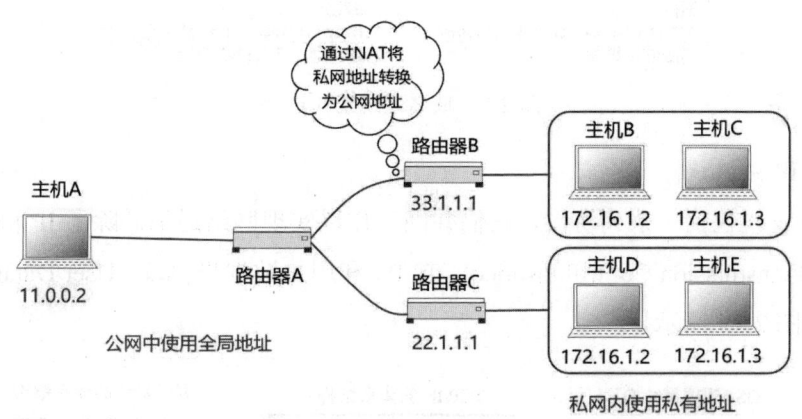

图 2-7　网络地址转换过程

8. 动态主机配置协议

动态主机配置协议（Dynamic Host Configuration Protocol，DHCP）是一种网络管理协议，用于自动分配 IP 地址给网络中的设备，如图 2-8 所示。它也可以用来分配其他网络配置，如子网掩码和默认网关。

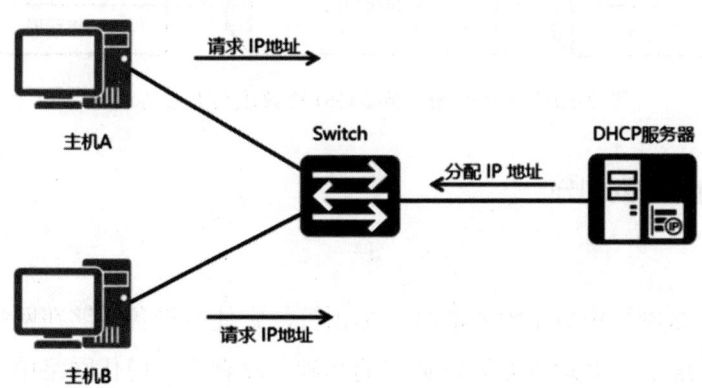

图 2-8　动态主机配置协议工作过程

9. 域名系统

域名系统（Domain Name System，DNS）是互联网的一项服务，它将人类可读的域名转换为机器可读的 IP 地址。这样用户就可以通过域名访问网站，而不需要记住复杂的 IP 地址，如图 2-9 所示。

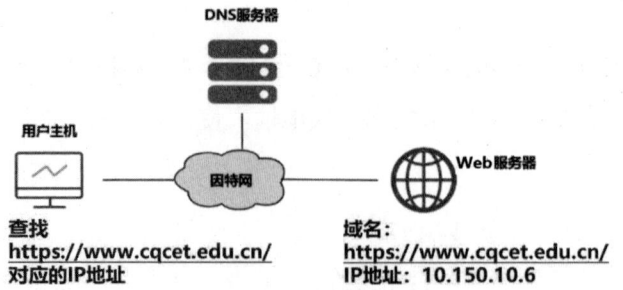

图 2-9　域名系统工作过程

10. TCP/IP 协议族

TCP/IP 协议族包括一系列协议，它们共同工作以实现网络通信。除了 IP 协议，还包括传输控制协议（Transmission Control Protocol，TCP）和用户数据报协议（User Datagram Protocol，UDP）等，如图 2-10 所示。

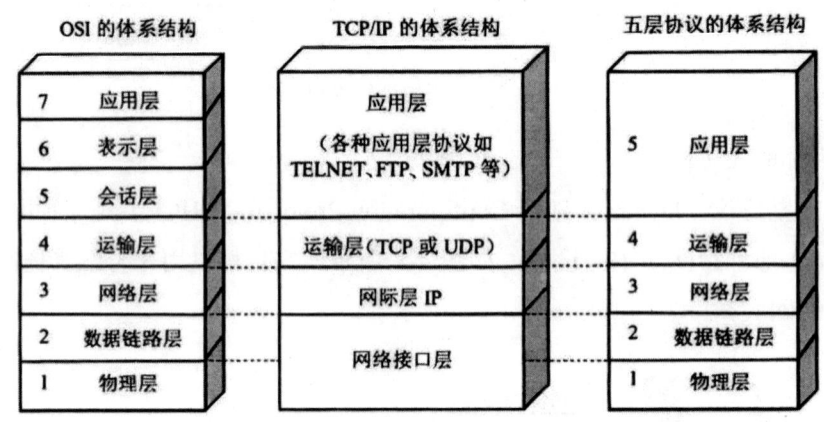

图 2-10　TCP/IP 协议族、OSI 协议族与五层协议族

2.1.2　IP 地址与子网划分

1. IP 地址

IP 地址是分配给网络中每个设备的唯一标识符，它使得设备能够在网络上进行通信和数据交换，如图 2-11 所示。IP 地址是网络通信的基础，没有它，现代网络中的设备就无法相互识别和通信。随着 IPv4 地址的耗尽，IPv6 正在逐渐成为新的标准，以提供更多的地址空间和改进的网络功能。

以下是 IP 地址的一些基本概念和分类：

（1）IPv4 地址。

分类：分为 A、B、C、D 和 E 五类，见表 2-1，其中 A、B 和 C 类是常用的。

A 类地址：范围是 0.0.0.0～127.255.255.255，默认子网掩码为 255.0.0.0。
B 类地址：范围是 128.0.0.0～191.255.255.255，默认子网掩码为 255.255.0.0。
C 类地址：范围是 192.0.0.0～223.255.255.255，默认子网掩码为 255.255.255.0。

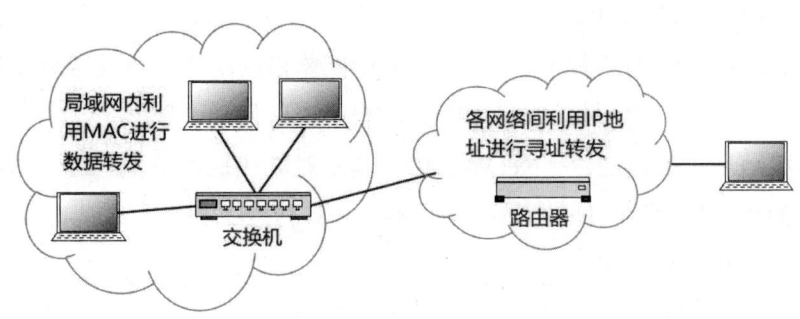

图 2-11　IP 地址在网络通信中的作用

表 2-1　IP 地址的分类

地址类	第 1 个二进制八位数范围（十进制）	第 1 个二进制八位数的比特位（下划线位不变）	地址的网络部分（N）和主机部分（H）	默认子网掩码（十进制和二进制）	可能的网络数量和每个网络可能的主机数量
A	1～127**	00000000-01111111	N.H.H.H	255.0.0.0	128 个网络（2^7），每个网络 16777214 台主机（2^{24}-2）
B	128～191	10000000-10111111	N.N.H.H	255.255.0.0	16384 个网络（2^{14}），每个网络 65534 台主机（2^{16}-2）
C	192～223	11000000-11011111	N.N.N.H	255.255.255.0	2097150 个网络（2^{21}），每个网络 254 台主机（2^8-2）
D	224～239	11100000-11101111	不适用（组播）	—	—
E	240～255	11110000-11111111	不适用（实验）	—	—

私有地址：某些 IPv4 地址被保留为私有地址，用于内部网络，不能在互联网上直接路由，见表 2-2。

表 2-2　IPv4 地址中的私有地址

私有地址种类	地址区间
A 类私有地址	10.0.0.0～10.255.255.255
B 类私有地址	172.16.0.0～172.31.255.255
C 类私有地址	192.168.0.0～192.168.255.255

IPv4 中有一些特殊地址，包括以下几种（表 2-3）：

环回地址（Loopback Address）：地址为 127.0.0.1，用于设备自身的通信测试。

网络地址（Network Address）：每个网络的起始地址，用于标识特定的网络。例如，在子网 192.168.1.0/24 中，网络地址是 192.168.1.0。

广播地址（Broadcast Address）：每个网络的结束地址，用于向该网络内的所有设备发送数据。例如，在子网 192.168.1.0/24 中，广播地址是 192.168.1.255。

255.255.255.255：有限广播地址，用于向同一网络内的所有设备发送数据。

0.0.0.0：表示未指定的地址，常用于配置时表示"任何地址"。

本网络主机地址：当网络号（Network ID）全 0 时，该地址是本网络上的特定主机地址。路由器收到目的地址是此类地址的 IP 报文时不会向外转发该分组，而是直接交付给本网络中特定主机号（Host ID）的主机。

表 2-3 IPv4 地址中的特殊地址

网络号	主机号	源地址使用	目的地址使用	代表的意义
127	任何数	可以	可以	用作本地软件回送测试
Network ID	0	不可	不可	用于标识特定的网络
Network ID	全 1	不可	可以	对特定网络号上的所有主机广播（直接广播）
全 1	全 1	不可	可以	只在本网络上进行广播（受限广播）
0	0	可以	不可	不确定的 IP 地址或默认路由
0	Host ID	可以	不可	在本网络上的某个主机

为了满足网络测试、文档示例等各种特殊需求，IPv4 地址预留了保留地址（Reserved Addresses），它们在各种网络环境和应用场景中都有可能被使用到。如：

192.0.2.0～192.0.2.255：分配为用于文档和示例中的 TEST-NET（测试-网），它不应该被公开使用。（RFC5737）

198.51.100.0～198.51.100.255：分配为用于文档和示例中的 TEST-NET-2（测试-网-2），它不应该被公开使用。（RFC5737）

203.0.113.0～203.0.113.255：分配为用于文档和示例中的 TEST-NET-3（测试-网-3），它不应该被公开使用。（RFC5737）

（2）IPv6 地址。

地址长度：128 位的二进制数，通常表示为 8 组 4 位十六进制数。IPv6 地址也分为网络位和主机位，网络位也称网络前缀或前缀，主机位也称接口标识，如图 2-12 所示。IPv6 使用前缀长度来划分子网，通常以斜线符号（/）后跟前缀长度来表示，例如/64 表示前 64 位为网络前缀，如 2001:0da8:0207:0000:0000:0000:0000:8207/64。

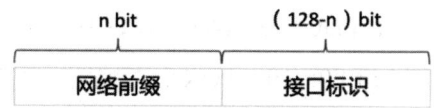

图 2-12　IPv6 地址的结构

地址表示：IPv6 地址可以压缩表示，连续的 0 可以用"::"代替，前导的 0 可以压缩，并且"::"压缩和压缩前导 0 可以同时使用，如图 2-13 所示。

2001:0410:0000:0001:0000:0000:0000:45ff

2001:410:0:1:0:0:0:45ff

2001:410:0:1::45ff

图 2-13　IPv6 地址的压缩

IPv6 地址主要分为单播地址、组播地址和任播地址三大类，如图 2-14、表 2-4 所示。

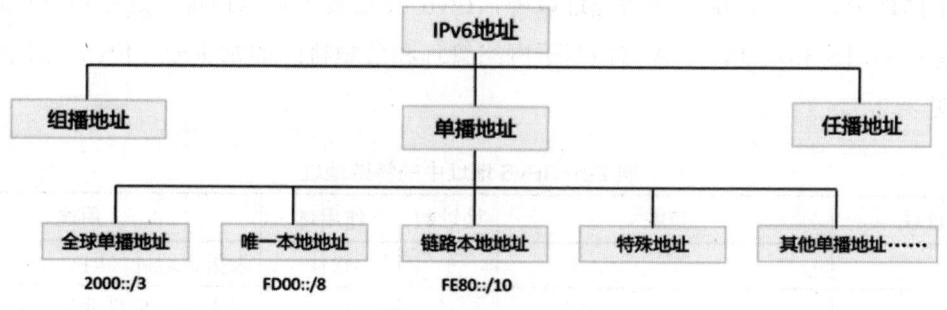

图 2-14　IPv6 地址的分类

1）单播地址：用于标识单个接口，发往该目的地址的报文会被送到被标识的接口。单播地址包括以下几种类型。

- 全球单播地址：前缀为 2000::/3，是全球唯一的，可以在 Internet 中发布，类似于 IPv4 的公网地址。
- 唯一本地地址：前缀为 FC00::/8，类似于 IPv4 的私网地址，仅用于企业内部封闭的网络通信。目前仅使用了 FD00::/8 地址段，FC00::/8 预留为以后拓展用。
- 链路本地地址：前缀为 FE80::/10，仅限于本地链路范围内使用，节点的链路本地地址可以自动生成，用于邻居发现和无状态地址配置等。
- IPv6 环回地址：地址为::1/128，类似于 IPv4 的 127.0.0.1，用于将 IPv6 报文发送给自己。

表 2-4 IPv6 地址类型及标识

地址类型	二进制前缀	IPv6 标识
全球单播地址	001	2001::/64
站点本地地址	11111101	FD00::/8
链路本地地址	1111111010	FE80::/10
环回地址	00...1（128 bits）	::1/128
组播	11111111	FF00::/8
全局单播	其他前缀	其他标识

2）组播地址：用于标识一组接口，通常属于不同节点，发往该目的地址的报文会被送到所有标识的接口。组播地址包括以下几种类型。
- 分配的组播地址：前缀为 FF00::/8，用于标识一组接口且通常属于不同节点，常见的应用包括视频直播和开放式最短路径优先（Open Shortest Path First，OSPF）协议报文。
- 被请求节点组播地址：基于节点的单播或任播地址生成，用于地址解析和重复地址检测。

3）任播地址：任播地址用于标识一组网络接口，发往该目的地址的报文会被送到其中"最近"的一个接口。任播地址从单播地址空间中进行分配，并使用单播地址的格式。

除单播地址、组播地址和任播地址以外，IPv6 还设置了特殊地址。这些特殊地址在网络中具有特定的用途和功能，了解它们对于网络管理和故障排除非常重要。IPv6 地址中的特殊 IP 地址见表 2-5。

表 2-5 IPv6 地址中的特殊地址

地址块	范围	地址数	作用域	用途
::/128	::	1	软件	未指定地址（RFC4291）
::1/128	::1	1	主机	用于网络软件测试以及本地主机进程间通信（RFC4291）
::ffff:0:0/96	::ffff:0:0~::ffff:ffff:ffff	2^{32}	软件	IPv4 映射地址（RFC4291）
64:ff9b::/96	64:ff9b::~64:ff9b::ffff:ffff	2^{32}	全球互联网	用于 IPv4/IPv6 转换（RFC 6052）
64:ff9b:1::/48		2^{80}		用于 IPv4/IPv6 转换（RFC 6052）
100::/64	100::~100::ffff:ffff:ffff:ffff	2^{64}	N/A	废除的 IPv6 地址前缀，Discard-Only Address Block（仅丢弃地址块），用于黑洞路由（RFC6666）

续表

地址块	范围	地址数	作用域	用途
2001::/23	2001::～2001:01ff:ffff:ffff:ffff:ffff:ffff	2^{105}	N/A	为 IETF 预留的 IPv6 特殊用途地址表，用于二次分配
2001::/32	2001::～2001::ffff:ffff:ffff:ffff:ffff	2^{96}	全局	用于 Teredo 通道（面向 IPv6 的 IPv4 NAT 网络地址转换穿越）
2001:1::1/128	2001:1::1/128	1	专用	用于 Port Control Protocol（端口控制协议）任播地址（RFC7723）
2001:1::2/128	2001:1::2/128	1	专用	用于 Traversal Using Relay NAT（RFC 5766 标准中定义的一种网络协议，旨在解决 NAT 穿透问题），功能和 Session Traversal Utilities for NAT（NAT 会话穿越应用程序）类似，用于 NAT 穿越（RFC8155）
2001:2::/48	2001:2:: 2001:2::ffff:ffff:ffff:ffff:ffff	2^{80}	专用	用于测试。RFC5180 RFC Errata 1752
2001:3::/32	2001:3::/32 2001:3::	2^{96}	专用	Automatic Multicast Tunneling（自动组播隧道）协议专用（RFC7450）
2001:4:112::/48	2001:4:112::～2001:4:112::ffff:ffff:ffff:ffff:ffff	2^{80}	专用	AS112 项目专用地址，RFC7535
2001:10::/28	2001:10::～2001:1f:ffff:ffff:ffff:ffff:ffff	2^{100}	软件	已弃用
2001:20::/28	2001:20::～2001:2f:ffff:ffff:ffff:ffff:ffff	2^{100}	软件	ORCHIDv2
2001:30::/28	2001:30::～2001:3f:ffff:ffff:ffff:ffff:ffff	2^{100}	专用网络	Drone Remote ID Protocol Entity Tags 无人机远程 ID 协议实体标签（RFC9374）
2001:db8::/32	2001:db8::～2001:db8:ffff:ffff:ffff:ffff:ffff	2^{96}	文档	用于文档和示例源代码中的地址
2002::/16	2002::～2002:ffff:ffff:ffff:ffff:ffff:ffff	2^{112}	全球互联网	用于 6to4
2620:4f:8000::/48	2620:4f:8000::～2620:4f:8000::ffff:ffff:ffff:ffff:ffff	2^{80}	专用网络	AS112
fc00::/7	fc00::～fdff:ffff:ffff:ffff:ffff:ffff:ffff	2^{121}	专用网络	用于专用网络中的本地通信（RFC4193）
fe80::/10	fe80::～febf:ffff:ffff:ffff:ffff:ffff:ffff	2^{118}	链路	用于主机之间的链路本地地址
ff00::/8	ff00::～ffff:ffff:ffff:ffff:ffff:ffff:ffff	2^{120}	全球互联网	组播地址

2. 划分子网的原因与方法

IP 地址具有层次结构，标准的 IP 地址分为网络号和主机号两层，为了创建子网，从 IP 地址的主机位中借出连续的若干高位作为子网络标识，于是 IP 地址从原来两层结构的"网络号+主机号"形式变成了三层结构的"网络号+子网络号+主机号"形式，如图 2-15 所示。通过子网掩码将网络划分为更小的网络（子网）。

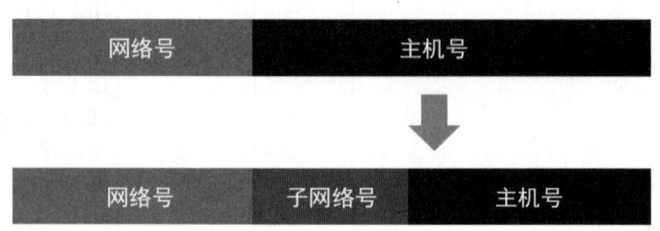

图 2-15　划分子网的三层结构

网络上常常需要将大型的网络划分为若干小网络，这些小网络称为子网。子网的产生能够增加寻址的灵活性，划分子网的作用主要有三点：一是隔离网络广播在整个网络的传播，提高信息的传输效率；二是在小规模的网络中细分网络，起到节约 IP 地址资源的作用；三是进行多个网段划分，提高 IP 地址使用的灵活性。

（1）IPv4 子网划分相关内容。

子网划分方法：通过子网掩码将网络划分为更小的网络（子网），以改善网络管理和安全性。子网掩码决定了网络部分和主机部分各使用多少位。

可变长度子网掩码（Variable Length Subnet Mask，VLSM）：IPv4 支持 VLSM，允许将 IP 地址划分为不同大小的子网。

子网划分步骤：确定划分的网络地址和子网数量，选择合适的子网掩码，进行子网划分，分配子网地址，配置路由表。

（2）IPv6 子网划分相关内容。IPv6 子网划分的主要目的是支持网络的层次化逻辑设计，而不是节省地址。与 IPv4 不同，IPv6 地址空间充足，因此子网划分不是由于管理地址的稀缺性，而是为了构建编址分层结构，这取决于路由器的数量及其所支持的网络。

IPv6 子网划分的方法：

使用前缀长度：IPv6 地址的前缀长度决定了子网的大小。例如，一个/48 前缀的 IPv6 地址块可以创建 65536 个/64 子网，每个子网大约包含 18×10^6 个地址，远大于一个 IP 网段所需要的地址数。

借用接口 ID 位：与 IPv4 不同，IPv6 可以从接口 ID 中借用位来创建子网。这通常是为了安全考虑，减少每个子网的主机数量。例如，可以将/64 前缀扩展为/68，从而减少接口 ID 的位数。

半字节边界划分：在半字节边界上划分子网是一种常见做法。例如，/64 子网前缀可以扩展为/68、/72、/76、/80 等，这样做可以确保子网的整齐划分。

IPv6 子网划分的优势和挑战：

优势：IPv6 子网划分提供了更大的灵活性和可扩展性，使得网络管理更加高效。每个子网可以容纳大量的地址，减少了地址空间的浪费。

挑战：尽管 IPv6 地址空间充足，但在某些情况下，如何合理分配和管理这些地址仍然是一个挑战。网络管理员需要设计一个逻辑方案来分配网络地址，确保每个子网都能有效支持所需的网络功能。

通过理解 IPv6 子网划分的原理和方法，可以更好地管理和优化网络资源，确保网络的稳定性和安全性。

2.1.3 IP 网络的路由机制

1. 路由的概念

路由器提供异构网络的互联机制，实现将一个数据包从一个网络发送到另一个网络。路由就是指导 IP 数据包发送的路径信息，如图 2-16 所示。

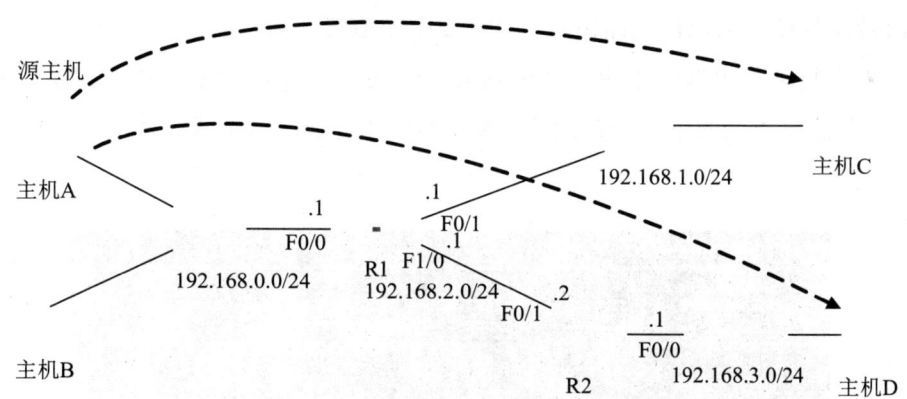

图 2-16　路由指导 IP 数据包的发送

在互联网中进行路由选择要使用路由器，路由器只是根据所收到的数据报头的目的地址选择一个合适的路径（通过某一个网络），将数据包传送到下一个路由器，路径上最后的路由器负责将数据包送交目的主机。数据包在网络上的传输就好像是体育运动中的接力赛一样，每一个路由器只负责将数据包在本站通过最优的路径转发，通过多个路由器一站一站地接力，将数据包通过最优路径转发到目的地，如图 2-17 所示。当然也有一些例外的情况，由于一些路由策略的实施，数据包通过的路径并不一定是最优的。

路由器的特点是逐跳转发。在图 2-17 所示网络中，R5 收到 PC 发往 PC192.1.2.1 的数据包后，将数据包转发给 R4，R5 并不负责指导 R4 如何转发数据包。所以，R4 必须自己将数据包转发给 R3，依此类推。这就是路由的逐跳性，即路由只指导本地转发行为，不会影响其他设备的转发行为，设备之间的转发是相互独立的。

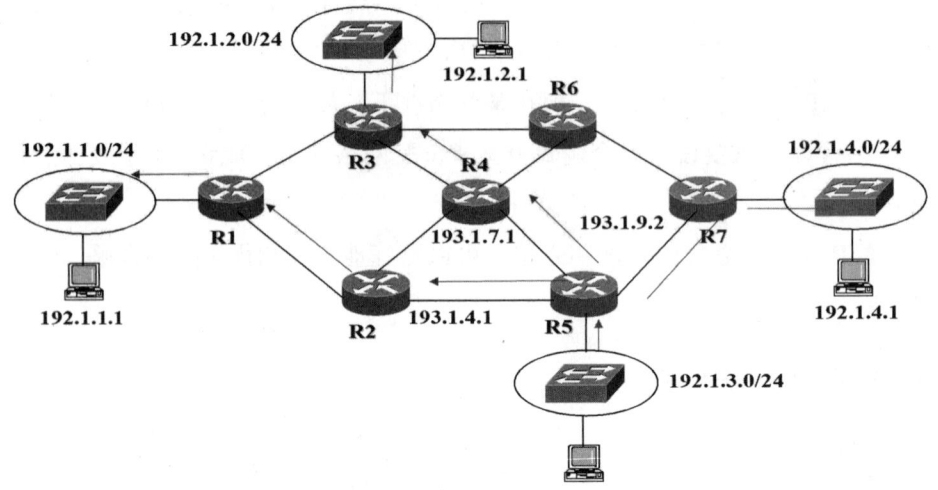

图 2-17　路由器的路径选择

2. 路由表

路由器转发数据包的依据是路由表，如图 2-18、图 2-19 所示。每个路由器中都保存着一张路由表，表中每条路由项都指明数据包到某子网或某主机应通过路由器的哪个物理端口发送，然后就可到达该路径的下一个路由器，或者不再经过别的路由器而传送到直接相连的网络中的目的主机。

```
X:\windows\system32>route print -4
===========================================================================
Interface List
 3...00 0c 29 27 65 31 ......Intel(R) 82574L Gigabit Network Connection
 1...........................Software Loopback Interface 1
===========================================================================

IPv4 Route Table
===========================================================================
Active Routes:
Network Destination        Netmask          Gateway       Interface  Metric
          0.0.0.0          0.0.0.0   192.168.10.254   192.168.10.12     26
        127.0.0.0        255.0.0.0         On-link         127.0.0.1    331
        127.0.0.1  255.255.255.255         On-link         127.0.0.1    331
  127.255.255.255  255.255.255.255         On-link         127.0.0.1    331
     192.168.10.0    255.255.255.0         On-link     192.168.10.12    281
    192.168.10.12  255.255.255.255         On-link     192.168.10.12    281
   192.168.10.255  255.255.255.255         On-link     192.168.10.12    281
        224.0.0.0        240.0.0.0         On-link         127.0.0.1    331
        224.0.0.0        240.0.0.0         On-link     192.168.10.12    281
  255.255.255.255  255.255.255.255         On-link         127.0.0.1    331
  255.255.255.255  255.255.255.255         On-link     192.168.10.12    281
===========================================================================
Persistent Routes:
  Network Address          Netmask  Gateway Address  Metric
          0.0.0.0          0.0.0.0   192.168.10.254       1
===========================================================================
```

图 2-18　主机路由表

路由表中包含了下列要素：

目的地址/网络掩码（Destination/Mask）：用来标识 IP 数据报文的目的地址或目的网络。将目的地址和网络掩码进行"逻辑与"后可得到目的主机或路由器所在网段的地址。例如目的地址为 8.0.0.0，掩码为 255.0.0.0 的主机或路由器所在网段的地址为 8.0.0.0，掩码由若干个连续"1"构成，既可以用点分十进制表示，也可以用掩码中连续"1"的个数来表示。

```
<Huawei>dis ip routing-table
Route Flags: R - relay, D - download to fib
------------------------------------------------------------------------
Routing Tables: Public
         Destinations : 15        Routes : 15

Destination/Mask    Proto   Pre  Cost      Flags NextHop         Interface
       1.1.1.1/32   Direct  0    0            D  127.0.0.1       LoopBack0
       2.2.2.2/32   OSPF    10   1            D  12.1.1.2        GigabitEthernet0/0/0
       3.3.3.3/32   OSPF    10   2            D  12.1.1.2        GigabitEthernet0/0/0
      12.1.1.0/24   Direct  0    0            D  12.1.1.1        GigabitEthernet0/0/0
      12.1.1.1/32   Direct  0    0            D  127.0.0.1       GigabitEthernet0/0/0
    12.1.1.255/32   Direct  0    0            D  127.0.0.1       GigabitEthernet0/0/0
      14.1.1.0/24   Direct  0    0            D  14.1.1.1        GigabitEthernet0/0/1
      14.1.1.1/32   Direct  0    0            D  127.0.0.1       GigabitEthernet0/0/1
    14.1.1.255/32   Direct  0    0            D  127.0.0.1       GigabitEthernet0/0/1
      23.1.1.0/24   OSPF    10   2            D  12.1.1.2        GigabitEthernet0/0/0
      34.1.1.0/24   OSPF    10   3            D  12.1.1.2        GigabitEthernet0/0/0
      127.0.0.0/8   Direct  0    0            D  127.0.0.1       InLoopBack0
      127.0.0.1/32  Direct  0    0            D  127.0.0.1       InLoopBack0
 127.255.255.255/32 Direct  0    0            D  127.0.0.1       InLoopBack0
 255.255.255.255/32 Direct  0    0            D  127.0.0.1       InLoopBack0
```

图 2-19　路由器路由表

出接口（Interface）：指明 IP 包将从该路由器的哪个接口转发。

下一跳地址（Next-hop）：更接近目的网络的下一个路由器地址。如果只配置了出接口，则下一跳 IP 地址是出接口的地址。

度量值（Metric）：说明 IP 包需要花费多大的代价才能到达目标。主要作用是当存在到达目的网络的多个路径时，路由器可依据度量值选择一条较优的路径发送 IP 报文，从而保证 IP 报文能更快更好地到达目的网络。

根据掩码长度的不同，可以把路由表中的路由项分为以下几个类型：

主机路由：掩码长度是 32 位的路由，表明此路由匹配单一 IP 地址。

子网路由：掩码长度小于 32 但大于 0，表明此路由匹配一个子网。

默认路由：掩码长度为 0，表明此路由匹配全部 IP 地址。

3. 路由器单跳操作

路由器就是通过匹配路由表里的路由项来实现数据包的转发的。当路由器收到一个数据包的时候，将数据包的目的 IP 地址提取出来，然后与路由表中路由项包含的目的地址进行比较，如果与某路由项中的目的地址相同，则认为与此路由项匹配；如果没有路由项能够匹配，则丢弃该数据包。

路由器查看所匹配的路由项的下一跳地址是否在直连链路上，如果在直连链路上，则路由器根据此下一跳转发；如果不在直连链路上，则路由器还需要在路由表中查找此下一跳地址所匹配的路由项。

确定了最终的下一跳地址后，路由器将此报文送往对应的接口，接口进行相应的地址解析，解析出此地址所对应的链路层地址，然后对 IP 数据包进行数据封装并转发。

4. 路由的来源

路由的来源主要有三种：

（1）直连（Direct）路由。直连路由不需要配置，当接口存在 IP 地址并且状态正常时，由路由进程自动生成。它的特点是开销小、配置简单、无须人工维护，但只能发现本接口所属网段的路由。

（2）手工配置的静态（Static）路由。由管理员手工配置而成的路由称为静态路由。通过静态路由的配置可建立一个互通的网络，如图 2-20 所示。但这种配置问题在于：当一个网络故障发生后，静态路由不会自动修正，必须有管理员的介入。静态路由无开销、配置简单，适合简单拓扑结构的网络。

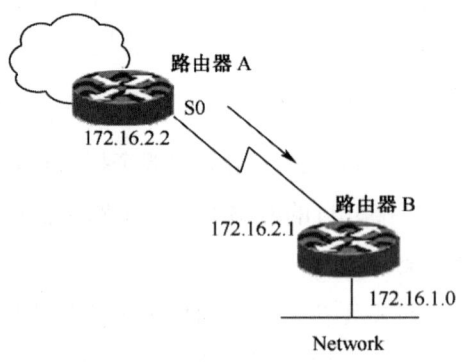

图 2-20　静态路由配置过程

（3）动态路由协议（Routing Protocol）。当发现的路由网络拓扑结构十分复杂时，手工配置静态路由工作量大而且容易出现错误，这时就可用动态路由协议［如路由信息协议（Routing Information Protocol，RIP）、OSPF 协议等］，让其自动发现和修改路由（图 2-21），避免人工维护。但动态路由协议开销大，配置复杂。

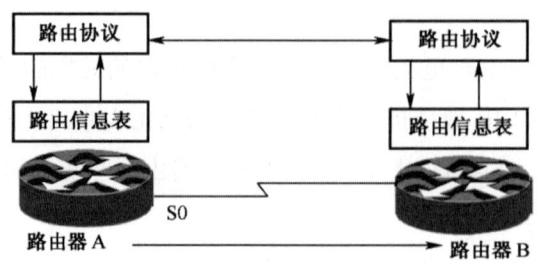

图 2-21　动态路由自动配置过程

5. 路由的量度

路由度量值（Metric）表示到达这条路由所指目的地址的代价，也称为路由权值。各路由协议定义度量值的方法不同，通常会考虑以下因素：

（1）跳数（Hop Count）：IP 数据报到达目的地址必须经过的路由器个数。

（2）带宽（Bandwidth）：链路的数据传输能力。

（3）延迟（Delay）：将数据从源送到目的地址所需的时间。

（4）负载（Load）：网络中（如路由器中或链路中）信息流的活动数。如中央处理器（Central Processing Unit，CPU）使用情况和每秒处理的分组数。

（5）可靠性（Reliability）：数据传输过程中的差错率。

（6）最大传输单元（Maximum Transmission Unit，MTU）：路由器端口所能处理的、以字节为单位的包的最大尺寸。

（7）开销（Cost）：一个变化的数值，通常可以根据建设费用、维护费用、使用费用等因素由网络管理员指定。

不同的动态路由协议会选择其中的一种或几种因素来计算度量值。在常用的路由协议里，RIP 使用"跳数"来计算度量值，跳数越小，其路由度量值也就越小；而 OSPF 使用"链路带宽"来计算度量值，链路带宽越大，路由度量值也就越小。度量值通常只对动态的路由协议有意义，静态路由协议的度量值统一规定为 0。

路由度量值只在同一种路由协议内有比较意义，不同的路由协议之间的路由度量值没有可比性，也不存在换算关系。

6. 路由的优先级

路由优先级（Preference）代表了路由协议的可信度。在计算路由信息的时候，因为不同路由协议所考虑的因素不同，所以计算出的路径也可能会不同。具体表现就是到相同的目的地址，不同的路由协议（包括静态路由）所生成路由的下一跳可能会不同。在这种情况下，路由器会选择哪一条路由作为转发报文的依据呢？

管理距离（Administrative Distance，AD）是路由器用来评价路由信息可信度（最可信也意味着最优）的一个指标。每种路由协议都有一个缺省的管理距离。管理距离值越小，协议的可信度越高，也就意味着这种路由协议学习到的路由优先级超高。

为了使人工配置的路由（静态路由）和动态路由协议发现的路由处在同等的可比原则下，静态路由也有缺省管理距离，参见表 2-6。缺省管理距离的设置原则：人工配置的路由优于路由协议动态学习到的路由；算法复杂的路由协议优于算法简单的路由协议。从表中可以看到，路由协议 RIP 和 OSPF 的管理距离分别是 120 和 110。如果在路由器上同时运行这两个协议，路由表中只会出现 OSPF 协议的路由条目。因为 OSPF 的管理距离比 RIP 的小，因此 OSPF 协议发现的路由更可信。路由器只使用最可靠协议的最佳路由。虽然路由表中没有出现 RIP 协议的路由，但这并不意味着 RIP 协议没有运行，它仍然在运行，只是它发现的路由在和 OSPF 协议发现的路由比较时落选了。

表 2-6 缺省管理距离

路由来源	管理距离
直连路由	0
静态路由	1
内部 EIGRP	90
IGRP	100
OSPF	110
IS-IS	115
RIP	120
外部 EIGRP	170
未知（不可信路由）	255（不被用来传输数据流）

注 EIGRP 为增强型内部网关路由协议（Enhanced Interior Gateway Routing Protocol），IGRP 为内部网关路由协议（Interior Gateway Routing Protocol），IS-IS 为中间系统到中间系统（Intermediate System to Intermediate System）协议。

不同厂家的路由器对于各种路由协议优先级的规定各不相同。H3C 路由器的默认管理距离见表 2-7。

表 2-7 H3C 路由器的默认管理距离

路由来源	管理距离
直连路由	0
OSPF 内部路由	10
静态路由	60
RIP	100
OSPF 外部路由	150
BGP 路由	255
内部 EIGRP	90

注：BGP 为边界网关协议（Border Gateway Protocol）。

除直连路由外，各动态路由协议的优先级都可根据用户需求，手工进行配置。另外，每条静态路由的优先级都可以不相同。

7. 查看设备的路由表

查看设备路由表的目的是查找所需的路由信息，验证所做的路由配置。最常用的命令是查看 IP 路由表摘要信息。在任意视图下用如下命令来查看：

```
display ip routing-table
```
如果想查看某一条具体的路由，可以在任意视图下用如下命令来查看：
```
display ip routing-tableip-address[mask-length|mask]
```
比如，用命令 display ip routing-table1.1.1.1 就可以查看匹配目标地址 1.1.1.1 的所有路由项。有时候，如果想了解路由表的综合统计信息，如总路由数量、RIP 路由数量、OSPF 路由数量、激活路由数量等，可以在任意视图下用如下命令来查看：
```
display ip routing-table statistics
```

图 2-22 中列出了 display ip routing-table 命令输出，由图中所示的路由表可以得知，该表目前共有 7 条路由。

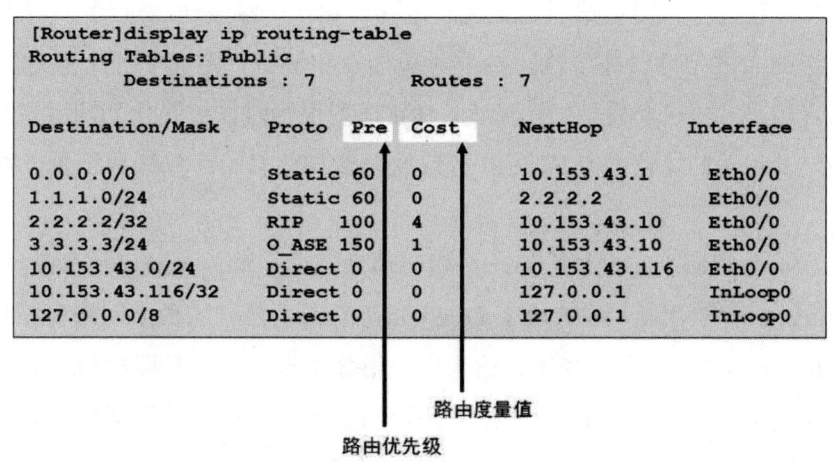

图 2-22 IP 路由表摘要信息

图 2-22 中路由信息中的各字段含义见表 2-8。

表 2-8 路由信息中的各字段含义

字段	描述
Destinantions	目的地址个数
Routes	路由条数
Destination/Mask	目的地址/掩码长度
Proto	发现该路由的路由协议
Pre	路由的优先级
Cost	路由的度量值
NextHop	此路由的下一跳地址
Interface	出接口，即到该目的网段的数据包将从此接口发出

2.2 IP 网络协议

2.2.1 TCP/IP 协议栈

计算机通常指的是单机，如果要在多台计算机之间进行通信，需要使用到网络传输协议。其本质就是在网络之间传输数字信号。传输过程就是将数字信号通过网卡、路由器和交换机、网关，经过网线或者光缆发送到对方网卡，然后交给计算机进行解析。网络传输协议就是网卡之间的字节码的传输过程。即数据通过二进制进行传输，一端发送二进制另一端进行解析。

为了使发送的二进制可以被传输，并被对端接收和解析，定义了一个基础的模型架构，即 OSI 七层参考模型，在这个模型的基础上，OSI 模型很多时候被简化为四层模型。根据这个模型架构，制定了相关的协议并入 TCP/IP 协议族，参与通信的计算机和设备可以通过协议加入互联网络。

1974 年 IBM 公司研制出世界上第一个网络体系结构，称为系统网络体系结构（Systems Network Architecture，SNA）。1975 年，DEC 公司发布了自己的数字网络体系结构（Digital Network Architecture，DNA）。这些体系结构均采用分层设计，但是层次和功能的划分有所不同。这些专用的网络模型运行良好，但根据某公司网络体系结构生产的网络产品不能与其他公司的网络产品兼容。现今，计算机网络都使用同一个 TCP/IP 网络模型，但人们在讨论技术问题时，最频繁引用的参考模型却是国际化标准组织（International Standardization Organization，ISO）在 1977 年就开始定义，直到 1984 年才予以公布的 OSI。

OSI 七层参考模型和四层模型架构如图 2-23 所示。

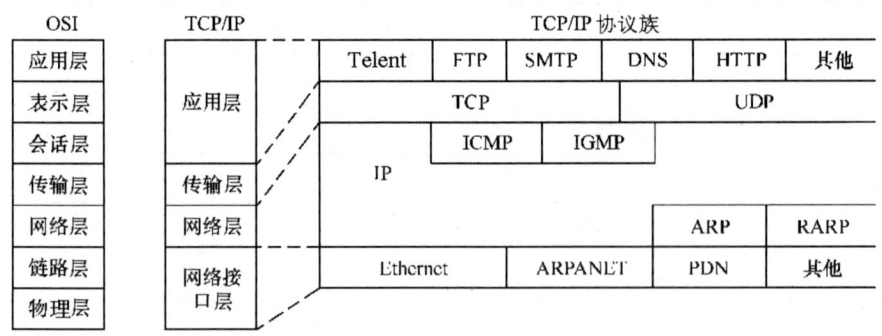

图 2-23 OSI 七层参考模型和四层模型架构

1. TCP/IP 协议模型各层介绍

（1）网络接口层。

1）网络接口层没有定义任何实际协议，仅定义了网络接口。由于开发 TCP/IP 的主要目的是实现底层异构网络的互联。由于不同类型网络存在不同功能的物理层与链路层，无法定义统一的物理层和链路层的协议与功能，任何类型的网络通过定义该类型网络对应的接口层，就可实现连接在该网络上两个节点之间的数据传输。因此，任何已有的链路层协议和物理层协议都可以用来支持 TCP/IP 协议模型，充分体现出 TCP/IP 协议的兼容性与适应性，它也为 TCP/IP 协议的成功奠定了基础。

2）典型协议。以太网（Ethernet）、阿帕网（ARPANET）、公用数据网（Public Data Network，PDN）、令牌环网（Token Ring）、异步传输模式（Asynchronous Transfer Mode，ATM）、点到点协议（Point-to-Point Protocol，PPP）、串行线路网际协议（Serial Line Internet Protocol，SLIP）、地址解析协议（Address Resolution Protocol，ARP）、代理 ARP（Proxy ARP）、反向地址解析（Reverse Address Resolution Protocol，RARP）等。

（2）网际（网络）层。

1）网际层的主要功能是把数据报通过最佳路径送到目的端（寻址、路由选择、封包/拆包）；网际层是网络转发节点（如路由器）上的最高层（网络节点设备不需要传输层和应用层）。

2）典型协议。IP 网际控制报文协议（Internet Control Message Protocol，ICMP）、ARP、RARP、网际组管理协议（Internet Group Management Protocol，IGMP）等。

（3）传输层。传输层的主要功能是提供进程间（端到端）的传输服务。典型协议包括 TCP 和 UDP。

1）TCP 是面向连接的传输协议。在数据传输之前建立连接；把数据分解为多个段进行传输，在目的站再重新装配这些段；必要时重新传输没有收到或错误的段，因此它是"可靠"的。

2）UDP 是无连接的传输协议。在数据传输之前不建立连接；对发送的段不进行校验和确认，它是"不可靠"的；主要用于请求/应答式的应用和语音、视频应用。

（4）应用层。

1）应用层的主要功能是为文件传输、电子邮件、远程登录、网络管理、Web 浏览等应用提供支持；有些协议的名称与以其为基础的应用程序同名。

2）典型协议。文件传输协议（File Transfer Protocol，FTP）、简单邮件传输协议（Simple Mail Transfer Protocol，SMTP）、邮局协议版本 3（Post Office Protocol-Version 3，POP3）、远程登录（Telnet）、超文本传送协议（Hypertext Transfer Protocol，HTTP）、简单网络管理协议（Simple Network Management Protocol，SNMP）、域名系统（Domain Name System，DNS）等。

2. 一种建议的 TCP/IP 模型

通过以上的分析比较，OSI 参考模型的成功之处在于它的层次结构模型的研究思路，TCP/IP 协议体系的成功之处在于它的网络层、传输层和应用层体系成功应用于 Internet 环境中。如果将两种模型的共同点找出来并补充应该有的部分，那么这样的体系结构很容易被人们接受。如图 2-24 所示的就是计算机领域著名专家、荷兰皇家艺术和科学院院士安德鲁·S.坦尼鲍姆（Andrew S.Tanenbaum）提出的一个 5 层网络参考模型。

OSI/RM	TCP/IP	5 层体系结构
高层（5~7）	应用层	应用层
传输层（4）	传输层	传输层
网络层（3）	网络层	网络层
链路层（2）	网络接口层	数据链路层
物理层（1）		物理层

图 2-24　5 层网络参考模型

3. TCP/IP 各层协议数据单元

表 2-9 所示为 TCP/IP 模型各层传递的协议数据单元的名称。

表 2-9　在 TCP/IP 模型各层传递的协议数据单元的名称

TCP/IP 模型的层次名称	协议数据单元的名称
应用层	应用数据
传输层	报文段
网络层	数据包
数据链路层	数据帧
物理层	比特流

2.2.2　IP 协议的核心功能

IP 协议，即网际协议，是 TCP/IP 协议族中的核心网络层协议，负责在不同网络间进行数据传输。IP 协议的主要功能包括寻址、路由选择以及将数据分割成数据报。它屏蔽了下层物理网络的差异，为上层提供统一的 IP 数据报。IP 协议及配套协议之间的关系如图 2-25 所示。

IP 协议的特点是无连接、不可靠和尽力而为的服务。这意味着 IP 协议不建立任何连接，也不检查远程计算机是否准备好接收传输的数据，仅提供一种尽力而为的传输数据包的方法。IP 协议通过 IP 地址来唯一标识通信媒体，并提供无连接的数据报传输机制。

IP 协议的报文格式包括头部和正文两部分，头部包含地址信息和控制信息，用于在网络中路由数据包，如图 2-26 所示。IP 协议还支持子网划分与子网掩码、无类别域间路由（Classless Inter-Domain Routing，CIDR）等技术，以提高网络的可扩展性和灵活性。

IPv4 是目前广泛使用的 IP 协议版本，但随着互联网的发展，IPv6 也被引入以解决 IPv4 地址耗尽的问题。IPv6 提供了更大的地址空间和改进的路由机制，但其部署和应用仍在逐步推进中。

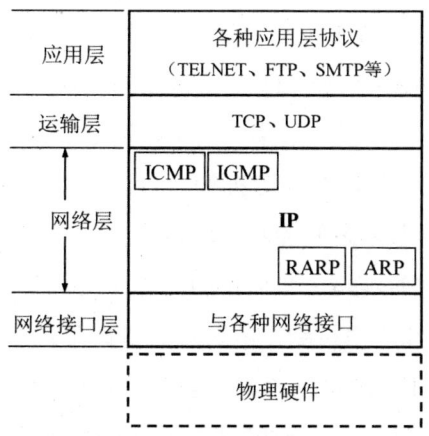

图 2-25　IP 协议及其配套协议之间的关系

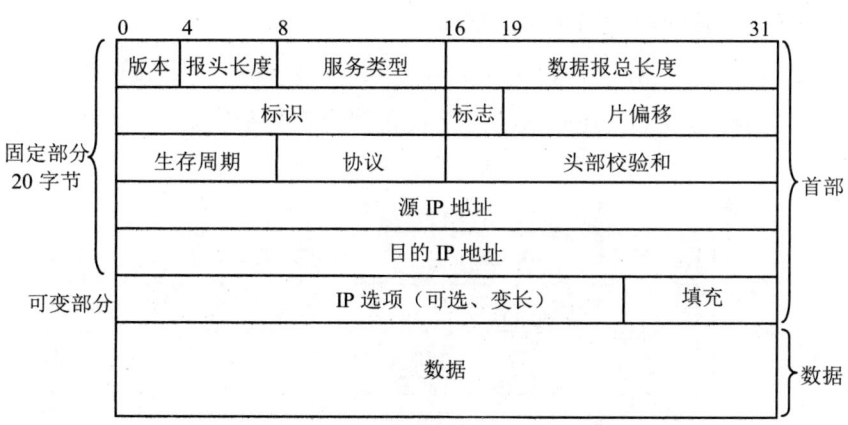

图 2-26　IP 数据报格式

　　IP 协议与多个辅助协议配合使用，包括 ARP、RARP、ICMP 和 IGMP。这些协议共同构成了 TCP/IP 协议族，确保了网络通信的可靠性和有效性。

　　总之，IP 协议作为网络层的重要协议，通过其无连接、不可靠和尽力而为的服务特性，实现了大规模、异构网络的互联互通，是现代互联网通信的基础。

　　1. IP 协议的无连接特性对网络通信可靠性和效率的影响

　　IP 协议的无连接特性对网络通信的可靠性和效率有显著影响。首先，无连接性意味着在发送数据之前不需要建立连接，这使得每个 IP 数据报都是独立的，可以按照任意顺序发送，并可以选择不同的路径进行传输。这种特性提高了传输速度和效率，因为数据包可以绕过网络拥塞和故障点，选择最佳路径到达目的地。然而，这也带来了不可靠性的问题，因为 IP 协议不能保证数据包一定能够到达目的地。数据包可能会丢失、错序或部分报文产生错误。为了保证数据传送的可靠性，必须在 IP 层之上通过 TCP 协议提供有序、带确认数据的传输服务。

无连接特性还意味着即使对端主机不存在或关机,数据包仍会被发送出去,这可能会导致冗余通信。然而,IP 选择无连接方式的主要原因是简化处理过程并提高传输速率。无连接方式的优点是可靠性高、通信效率高,且实现简单,适合异构网络互联。Internet 使用 IP 协议实现无连接方式,通过对不同物理网络的数据帧进行"包装",并使用 IP 地址来识别数据报的来源和目的地,从而实现不同节点之间的数据转发。

2. IPv6 与 IPv4 在地址空间和路由机制上的具体改进

IPv6 与 IPv4 在地址空间和路由机制上的具体改进如下:

IPv6 采用 128 位地址,相比 IPv4 的 32 位地址,其地址空间显著扩大。这意味着 IPv6 能够支持更多的唯一 IP 地址,解决了 IPv4 中 IP 地址枯竭的问题。IPv6 的地址容量由原来的 32 位扩充到 128 位,最大地址个数为 2^{128},这相当于约 340 涧(1 涧=10^{36})个唯一地址。这一扩展确保了未来互联网设备的连接需求得到满足。

IPv6 的报头(图 2-27)相对于 IPv4 更简化,减少了路由器和主机的处理负担。这种简化不仅提高了数据包的传输效率,还降低了网络设备的处理复杂度。

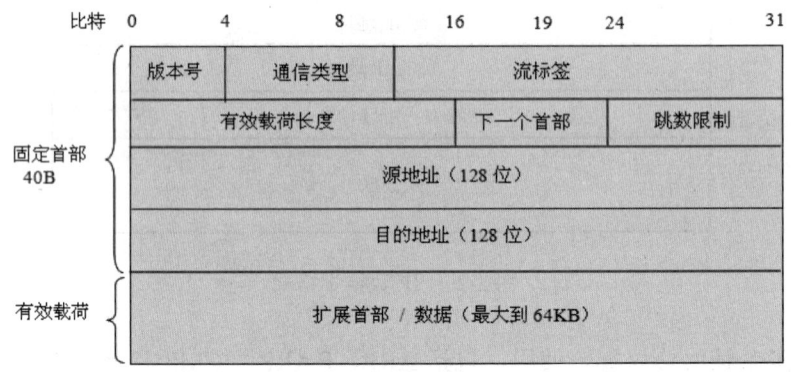

图 2-27 IPv6 协议基本首部格式

IPv6 使用更小的路由表,这得益于其地址分配遵循聚类原则,使得路由器能在路由表中用一条记录表示一片子网,从而大大减小了路由器中路由表的长度,提高了路由器转发数据包的速度。此外,IPv6 还引入了层次化的结构,进一步优化了路由效率。

3. 通过 CIDR 技术提高网络的可扩展性和灵活性

CIDR 技术通过以下几种方式显著提高了网络的可扩展性和灵活性:

减少路由表的大小。CIDR 通过将多个子网的路由信息合并成一个路由表条目,减少了路由器所需的内存和处理能力,从而提高了路由选择的效率和速度。这种聚合和精简的 CIDR 块减少了路由器之间的路由信息交换,进一步提高了路由的效率和可扩展性。

灵活的地址分配。CIDR 允许网络管理员根据实际需求自由划分和分配 IP 地址,打破了传统分类地址的限制，引入了可变长度子网掩码，使得网络规划更加灵活。这种灵活性不仅优化了网络结构，还简化了路由管理，减少了全球路由表的大小，从而提高了整个互联网的运行效率。

提高网络管理的灵活性和效率。CIDR 使网络管理更加灵活和高效，支持新兴技术和应用的发展。它可以根据实际需要划分子网，使得网络规划更加灵活、易于管理，减少了网络中的广播，降低了网络的拥塞。

支持 IPv6 地址管理。在 IPv6 中，CIDR 的灵活性和效率对于更好地组织和管理 IPv6 网络至关重要。它不仅提高了地址分配的精确性，还为网络设计提供了更大的自由度和可扩展性。

4. ARP、RARP、ICMP 和 IGMP 辅助协议确保网络通信的可靠性和有效性

ARP、RARP、ICMP 和 IGMP 这些辅助协议与 IP 协议紧密配合，以确保网络通信的可靠性和有效性。下面详细解释它们是如何实现这一目标的。

ARP 协议用于将 IP 地址映射到 MAC 地址，从而在链路层和网络层之间进行通信。当一个主机需要向另一个主机发送数据时，它首先需要知道目标主机的 MAC 地址。如果目标主机的 MAC 地址未知，ARP 会发送一个 ARP 请求广播到整个网络，询问哪个设备拥有该 IP 地址。收到请求的设备会回应其 MAC 地址，从而完成 IP 到 MAC 的映射。

RARP 协议与 ARP 相反，用于将 MAC 地址映射到 IP 地址。当一个没有配置 IP 地址的设备（如某些旧式服务器）需要获取自己的 IP 地址时，它会发送一个 RARP 请求广播到网络。RARP 服务器接收到请求后，会回应包含该设备 IP 地址的应答信息。

ICMP 协议用于在 IP 主机和路由器之间传递控制报文，以实现差错控制和网络管理功能。IP 协议本身没有差错报告或差错纠正机制，ICMP 弥补了这一不足。当数据包在传输过程中出现差错时，ICMP 会生成相应的差错报文并将其封装在 IP 数据包中发送回源端设备，从而通知源端设备发生了差错。

IGMP 协议用于管理 IP 多播通信。它通过在接收者主机和组播路由器之间交互 IGMP 报文来实现组成员管理功能。IGMP 报文封装在 IP 报文中，用于确定哪些主机对特定多播组感兴趣，并控制多播流量的分发，从而提高网络通信的效率和可靠性。

这些辅助协议通过各自的功能与 IP 协议协同工作，确保了网络通信的可靠性和有效性。例如，ARP 和 RARP 确保了设备间的正确寻址，ICMP 提供了差错报告机制，而 IGMP 则优化了多播通信。

5. IPv6 部署过程存在的技术和实施挑战

随着 IPv6 部署和应用的逐步推进，目前存在一些主要的技术和实施挑战。首先，IPv6 的地址空间扩大，虽然提升了网络扩展性和安全性，但也带来了新的安全挑战，例如网络攻击者有更多的机会发动攻击。其次，IPv6 没有广播功能，只有组播功能，这需要占用更多的组播

转发表项，对设备的匹配能力提出了更高的要求。

此外，IPv6 的推广和改造过程中还面临设备兼容性、业务稳定性和网络安全性等方面的挑战。现有的硬件和软件系统大部分都是基于 IPv4 协议运行的，因此需要进行大规模的改造，这包括更换终端用户的路由器或调制解调器，以及互联网服务商的全面改造。

在实际部署中，IPv6 的应用程度不深，终端支持不足等问题也需要解决。同时，固定终端的"最后一公里"也需要打通，IPv6 应用改造的广度和深度还需加强。

2.2.3 IP 协议的扩展与优化

互联网基础设施建设的发展历程可以分为三代，包括 IPv4、IPv6 和 IPv6 演进技术。IPv4 作为首批建设的网络，具有良好的扩展性和互联互通能力。然而，随着互联网用户数量的激增，IPv4 地址逐渐捉襟见肘，无法满足日益增长的需求，为了应对 IPv4 地址不足的问题，IPv6 应运而生，成为第二代互联网基础设施。

相比于 IPv4，IPv6 拥有更大的地址空间和更好的可扩展性，能够更好地满足互联网的发展需求，而目前正在快速发展的 IPv6 演进技术可以看作第三代互联网基础设施。当前阶段的主要特点在于新一代信息通信技术的融合创新，目标是实现下一代互联网的全面升级。互联网基础设施经历了从 IPv4 到 IPv6 再到 IPv6 演进技术的演变过程，每一次变革都带来了新的机遇和挑战，也推动着互联网技术的不断进步。

自 2021 年起，我国拉开了 IPv6 规模发展和应用部署的帷幕。在新一轮科技革命和产业变革深入推进的大背景下，发展 IPv6 对促进互联网演进升级、加快建设网络强国和数字中国具有重要意义。

1. 新业务形态下的网络挑战

随着技术的不断发展，网络中涌现出众多新业务与新场景。

在 AI 智算中心场景中，要传输和处理海量的数据（包括图像、语音、文本等多种形式），数据量往往达到 PB 级甚至更大，数据传输速度往往需要达到每秒数十甚至数百吉比特，这就要求网络能够处理海量的数据传输，适应大规模数据的迁移和共享，保证数据传输过程中不出现丢失或错误，并支持对传输的数据进行按需加密，防止数据泄露和被篡改。

在大视频与视频联网场景中，4K、8K 高清视频数据量巨大，例如一部 4K 电影需要几十甚至上百吉比特的流量才能流畅播放。多人同时在线观看高清直播赛事时，需要网络能够瞬间承载大量的数据传输，避免卡顿。在视频通话中，时延过高会导致对话不流畅，数据包丢失会导致视频出现马赛克、卡顿甚至中断，影响交流体验。

在车联网自动驾驶场景中，车辆在行驶时需要实时与其他车辆、基础设施和云端进行通信。例如紧急制动预警时，时延必须控制在极低水平，指令传输时延关乎行车安全。当车辆移动引发算力服务变动时,应确保业务的连续性,自动驾驶中的车辆决策也依赖实时的环境感知数据,稍有延迟就有可能造成严重后果。

新场景和新业务的发展对网络提出更高的要求,产业界应积极开展 IPv6 技术体系"再"完善、核心技术"再"创新、网络能力"再"提升、产业生态"再"升级,促进互联网向高通量、高性能、高质量、高安全的方向演进。

2. "IPv6+" 技术创新持续升级

"IPv6+" 技术包括以 SRv6 网络编程、网络切片、随流检测(In-situ How Information Telemetry,IFIT)、新型组播(Bit Index Explicit Repliation over IPv6,BIERv6)、业务功能链(Service Funtion Chaining,SFC)、确定性网络(Deterministic Networking,DetNet)和感知应用网络(Application-aware IPv6 Network,APN6)等为代表的一系列协议和技术创新,根据技术标准成熟度可分为三个阶段。

"IPv6+" 1.0:在 IPv6 的基础上引入 SRv6 网络编程能力,基于 SRv6 源路由及可编程机制,简化网络协议,并且支持多种业务需求。

"IPv6+" 2.0:在 "IPv6+" 1.0 的基础上,针对 5G 与云时代的新业务和新功能需求,进一步扩展出 SFC、BIERv6 等一系列技术。"IPv6+" 2.0 网络技术具有更高的传输速率、更低的时延、更高的安全性和更好的可扩展性等特点,关键技术包括精细化网络切片、IFIT、新型组播、确定性网络等。

"IPv6+" 3.0:包括感知应用的 IPv6 网络 APN6 等技术,可以实现高度自治网络、应用驱动网络编程,进而为不同的应用提供精准且差异化的网络服务。

2.3 IP 化对通信网络安全的影响

随着互联网的广泛应用,IP 协议的安全性问题日益凸显。网络攻击和威胁的不断演变要求 IP 协议能够提供更加强大和灵活的安全机制。本节将探讨 IP 协议面临的主要安全挑战和采取的解决方案,包括 IP 欺骗、数据加密和隐私保护等方面。

在利用互联网进行工作、娱乐活动的同时也面临各种安全挑战,如 IP 欺骗、中间人攻击和数据隐私泄露。

(1)IP 欺骗:IP 欺骗是指攻击者伪造源 IP 地址,使发送的数据包看起来像是来自另一个可信主机的。这种技术常被用于发动拒绝服务攻击(Denial of Service,DoS)或分布式拒绝服务攻击(Distributed Denial of Service,DDoS),以及为了绕过基于 IP 地址的访问控制列表(Access Control List,ACLs)。

(2)中间人攻击:在中间人攻击中,攻击者拦截、修改或重定向双方之间的通信,以窃取或篡改数据。由于 IP 协议本身不提供数据加密或验证机制，这使得通信双方容易受到此类攻击。

（3）数据隐私泄露：在 IP 通信过程中，如果数据未被加密，敏感信息可能会被第三方截获和阅读。

为解决以上安全问题，近几年推出了多种解决方案。

（1）互联网安全协议（Internet Protocol Security，IPsec）：为了提高 IP 通信的安全性，IPsec 协议被设计出来，提供了一种端到端的安全解决方案。它支持通过认证头（Authentication Header，AH）和封装安全有效载荷（Encapsulation Security Payload，ESP）来实现数据的完整性验证、源身份验证和数据加密。IPsec 在 IPv6 中是一个必需的组成部分，而在 IPv4 中则是可选的。

（2）网络访问控制：通过实施严格的网络访问控制策略，使用防火墙和入侵检测系统（Intrusion Detection System，IDS）可以减少未授权访问和攻击的风险。

（3）加密技术和虚拟私人网络（Virtual Private Network，VPN）：使用传输层安全协议（Transport Layer Security，TLS）和安全套接层（Secure Socket Layer，SSL）可以在应用层提供加密通信，而 VPN 技术则能够在 IP 层提供加密的通信隧道，确保数据传输的安全性和隐私性。

2.4　IP 网络的未来发展方向

2.4.1　IPv6 的发展趋势

IPv6 的发展趋势可以从以下几个方面进行概述。

（1）市场需求增长。随着 IPv4 地址的枯竭以及 5G、物联网、云计算等技术的发展，对 IPv6 的需求日益增长。预计到 2030 年，IPv6 市场规模将达到 109 亿美元，2024—2030 年间的复合年增长率为 30.4%。

（2）全球部署加速。截止到 2024 年 11 月，全球 IPv6 整体部署率达到 39.4%，亚洲地区和美洲地区部署率达到了 45%，大洋洲超过了 40%，欧洲超过了 30%。目前综合部署率超过 40%的国家已经达到了 34 个。综合来看，IPv6 综合部署率在 30%左右或以上的国家或地区占了地图面积一半以上。

（3）数据中心 IPv6-only 趋势。越来越多的数据中心开始仅使用 IPv6 协议运行，以准备未来的需求，这有助于避免 IPv4 和 IPv6 共存的挑战，并提高网络设备效率。

（4）SRv6 技术的发展。SRv6 提供了一种灵活高效的 IP 网络路由方法，将有更多的互联网服务提供商采用 SRv6 架构。

（5）过渡机制的需求。由于 IPv4 地址短缺和全球连接需求的增加，2025 年对 IPv6 过渡机制的需求将继续增长，以确保向完全基于 IPv6 的基础设施过渡。

（6）IPv6 流量增长。IPv6 流量持续增长，预计到 2025 年年底全球采用率将突破 50%，届时对 IPv4 地址的需求将开始减少。

（7）政策推动。各国政府和行业正在推动 IPv6 的部署和应用，《2025 年深入推进 IPv6 规模部署和应用工作要点》明确了 2025 年 IPv6 活跃用户数达到 8.5 亿的目标。

（8）市场规模预测。不同来源的报告预测 IPv6 市场将以 30%左右的复合年增长率增长，预计到 2035 年底市场规模将超过 738.7 亿美元。

综上所述，IPv6 的发展趋势显示出强劲的增长势头，市场规模不断扩大，技术应用不断深化，全球部署加速，特别是在数据中心、SRv6 技术、过渡机制以及政策推动等方面。随着技术的发展和市场需求的增加，IPv6 正逐渐成为互联网发展的未来方向。

2.4.2 软件定义网络的应用

1. 软件定义网络

软件定义网络（Software-Defined Networking，SDN），是一种新兴的网络架构。传统网络设备如交换机和路由器在硬件中集成了数据平面和控制平面，这两个层面紧密耦合，导致网络配置和管理复杂且不灵活，如图 2-28 所示。SDN 的核心理念是将控制平面（决定数据如何流动）从网络硬件中分离出来，由中央控制器软件进行统一管理。

图 2-28 传统网络配置和管理的困境

SDN 的起源可以追溯到 2006 年，由斯坦福大学的 Clean Slate 研究组提出。该研究组在 2006 年开始了相关研究，而 SDN 的概念则在 2009 年由 Nick McKeown 教授正式提出。SDN 的提出背景是为了解决传统网络在垂直方向上相对封闭和缺乏框架的问题，通过将网络控制平面与数据平面分离，实现网络的开放、标准化和可编程，从而更容易、更有效地使用网络资源。SDN 基本架构如图 2-29 所示。

SDN 的核心思想是将网络的控制层面和数据层面分离，通过软件来集中管理网络设备。这种分离使得网络管理员可以通过软件来集中控制网络设备，而不必直接与每个网络设备交互。SDN 的提出背景反映了当时网络技术的局限性，尤其是在灵活性和可编程性方面的不足。随着云计算和大数据的兴起，SDN 因其灵活性和可编程性而迅速受到业界的重视。

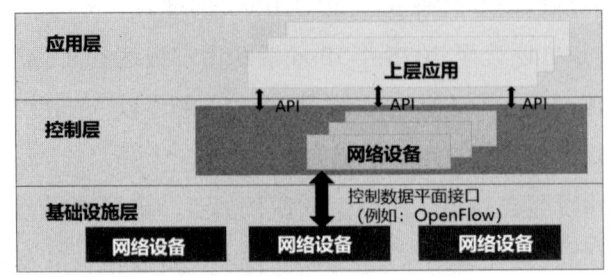

图 2-29　SDN 基本架构

2. 开放网络基金会所定义的 SDN 的典型架构

开放网络基金会（Open Network Foundation，ONF）定义的 SDN 架构主要分为应用平面、控制平面和数据平面，如图 2-30 所示。其中，应用平面聚焦网络业务逻辑开发，负责资源编排；控制平面进行全局网络的管理；数据平面为各种网络设备，负责数据的转发。

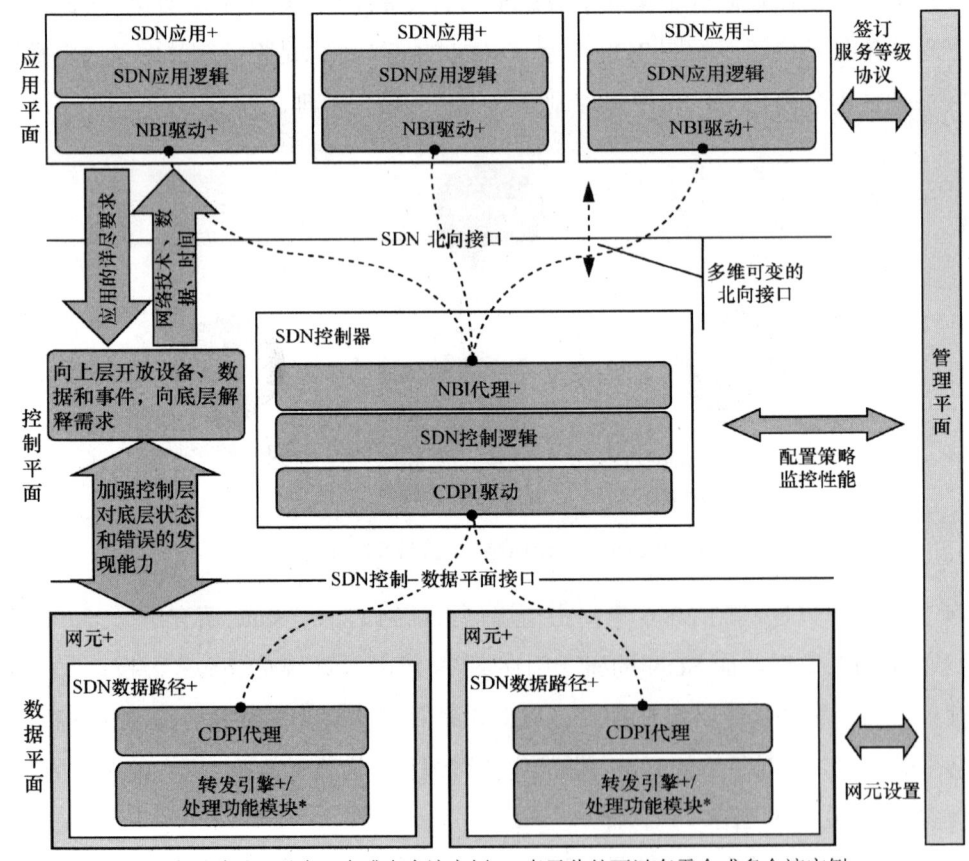

注　+表示此处可以有一个或多个该实例，*表示此处可以有零个或多个该实例。

图 2-30　ONF 所定义的 SDN 的典型架构

以下为 SDN 的核心组件介绍。

（1）数据平面。数据平面由若干网元（Net Element）构成，每个网元可以包含一个或多个 SDN 数据路径（SDN Datapath），是一个被管理的资源在逻辑上的抽象集合。

（2）控制平面。控制平面为 SDN 控制器。SDN 控制器是一个逻辑上集中的实体，它主要承担两个任务：一是将 SDN 应用层请求转换到 SDN 数据路径；二是为 SDN 应用提供底层网络的抽象模型。

（3）应用平面。应用平面由若干用户需要的 SDN 应用（SDN Application）构成，它可以通过北向接口与 SDN 控制器进行交互，即这些应用能够通过可编程方式把需要请求的网络行为提交给控制器。

（4）管理平面。管理平面主要负责一系列静态的工作，这些工作比较适合在应用平面、控制平面、数据平面外实现。

（5）SDN 控制-数据平面接口。该接口是控制平面和数据平面之间的接口，它提供的主要功能包括对所有转发行为进行控制、设备性能查询、统计报告、事件通知等。

（6）SDN 北向接口。SDN 北向接口是应用平面和控制平面之间的一系列接口。它主要负责提供抽象的网络视图，并使应用能直接控制网络的行为，其中包含从不同层次对网络及功能进行的抽象。这个接口也应该是一个开放的、与厂商无关的接口。

3. SDN 的工作原理

SDN 的工作原理是通过软件控制网络硬件的行为，从而实现更为灵活和集中化的网络管理。这种工作原理可以拆分为以下几个关键步骤。

（1）分离控制平面和数据平面。在传统的网络架构中，网络设备（如交换机和路由器）拥有自己的控制平面和数据平面。控制平面负责决定数据应如何流动，数据平面则负责实际转发数据包。

SDN 的第一个步骤是将控制平面从这些设备中抽象出来，并集中到一个或一组控制器上。这些控制器运行 SDN 控制软件，它们可以是物理设备，也可以是虚拟化的实体。

（2）控制器与网络设备的通信。一旦控制平面被分离并集中到 SDN 控制器上，控制器就需要与网络中的各个设备进行通信。这是通过南向接口协议实现的，最著名的协议是 OpenFlow。OpenFlow 允许控制器向网络设备发送指令，告诉它们如何处理特定的数据流。

例如，当一个数据包到达网络设备时，设备会查询控制器以获取如何处理该数据包的指令。控制器根据网络的全局视图和预定义的策略，决定数据包的最佳路径，并将这些信息通过 OpenFlow 协议发送回设备。

（3）数据包转发。网络设备接收到控制器的指令后，会根据这些指令来转发数据包。这意味着数据平面不再需要进行复杂的路由决策，而是简单地遵循控制器提供的指令。这种简化使得数据包转发过程更加高效,并且可以减少网络延迟。

(4)集中化管理和策略执行。SDN 控制器不仅负责数据包的路由决策,还负责网络的集中化管理。网络管理员可以通过控制器提供的北向接口(通常是 RESTful API)来配置网络策略,监控网络状态,以及执行各种网络管理任务。

例如,管理员可以定义一套安全策略,要求控制器在检测到特定类型的流量时采取行动。控制器会实时监控网络流量,并在检测到符合策略的流量时,自动调整网络设备的行为,以执行管理员定义的策略。

(5)动态网络调整。由于 SDN 控制器拥有网络的全局视图,并且能够实时监控网络状态,因此它可以动态地调整网络配置以适应不断变化的需求。这种动态调整能力是 SDN 的一个关键优势,它使得网络能够快速响应新的业务需求或网络事件。

例如,如果一个数据中心突然需要处理更多的流量,SDN 控制器可以迅速重新配置网络路径,以确保流量得到有效分配,而不会导致网络拥塞。

总之,SDN 的工作原理是通过将控制平面与数据平面分离,并集中控制到 SDN 控制器上,从而实现网络的灵活性和可编程性。这种架构使得网络管理更加高效,网络配置更加灵活,同时也为网络自动化和智能化提供了基础。随着 SDN 技术的不断发展,可以预见它将在未来的网络世界中扮演越来越重要的角色。

4. SDN 的优势

(1)灵活性:快速适应网络需求变化,实现按需分配资源。

(2)集中管理:简化网络配置和管理,提高效率。

(3)成本效益:减少对昂贵硬件的依赖,降低网络运营成本。

(4)创新友好:提供平台支持新服务和应用的快速部署。

2.4.3 新一代网络协议 QUIC

1. QUIC 的基本概念

QUIC(Quick UDP Internet Connections)是一种由 Google 开发的新型网络传输协议,旨在通过 UDP 提供与 TCP 类似的可靠传输服务,同时解决传统 TCP 协议的延迟和拥塞控制问题。QUIC 整合了 TLS 加密、流量控制、连接管理等功能,优化了传输性能,尤其在高延迟和不稳定网络环境中表现出色。

2. QUIC 的特点

低延迟连接建立。通过将连接建立与加密握手结合,QUIC 能够显著减少连接建立的时间。通常情况下,QUIC 只需一次往返(1-RTT)即可完成握手。

内置加密。QUIC 默认使用 TLS 1.3 加密,提供与 HTTPS 同等的安全性,避免了传统 TCP

在加密层次上的额外开销。

多路复用。在一个 QUIC 连接中可以同时传输多个数据流,每个流都有独立的流量控制和错误恢复机制,避免了 TCP 中"队头阻塞"问题。

快速重传和恢复。QUIC 能够快速检测丢包并进行重传,改进了传统 TCP 的拥塞控制和丢包恢复机制。

更灵活的拥塞控制。QUIC 允许实现自定义的拥塞控制算法,提供更大的灵活性和优化空间。

3. QUIC 的核心概念

连接 ID。QUIC 使用连接 ID 来标识连接,从而使得在网络地址(如 IP 和端口)变化时能够保持连接状态。

数据包。QUIC 的数据包结构与传统 UDP 包不同,包含连接 ID、包号、加密信息等,确保数据包的安全和可靠传输。

流(Stream)。QUIC 中的流是数据传输的基本单位,每个流都有唯一的 ID,可以独立传输,避免互相影响。

握手过程。QUIC 将连接建立与 TLS 握手结合,使用 1-RTT 或 0-RTT 完成握手过程,极大地减少了连接延迟。

4. 使用场景

网页加载加速。QUIC 可以显著降低网页加载时间,改善用户体验,已被 Google Chrome 和 HTTP/3 采用。

实时通信。由于低延迟和高可靠性,QUIC 适用于视频会议、在线游戏等需要实时数据传输的应用。

移动网络优化。QUIC 能够在 IP 地址变化时保持连接,对于移动网络中的设备切换(如 Wi-Fi 到 4G)特别有利。

5. 优势和挑战

(1)优势。①更快的连接建立和数据传输;②内置的安全加密机制;③多路复用,避免队头阻塞;④灵活的拥塞控制和丢包恢复机制。

(2)挑战。①需要 UDP 支持,部分网络环境可能对 UDP 流量有严格限制;②作为新协议,部署和调试过程中可能遇到兼容性问题;③实现复杂度较高,需要开发者熟悉底层网络协议和加密技术。

6. 总结

QUIC 作为一种现代化的网络传输协议,极大地优化了传统 TCP 的性能和安全性,特别适合高延迟、不稳定的网络环境和需要低延迟响应的应用场景。虽然面临一些部署和兼容性挑战，但其带来的性能提升和用户体验改进，使其成为未来互联网传输协议的重要选择。

习 题 2

一、选择题

1. 关于 IPv4 和 IPv6 地址的描述，正确的是（ ）。
   A．IPv4 地址由 128 位二进制数构成
   B．IPv6 地址由 32 位二进制数构成
   C．IPv4 地址分为 A、B、C 三类
   D．IPv6 地址分为单播地址、组播地址和任播地址

2. 以下用于将 IP 地址映射到 MAC 地址的协议是（ ）。
   A．ICMP   B．ARP
   C．RARP   D．IGMP

3. 关于 SDN 的描述，正确的是（ ）。
   A．SDN 将控制平面和数据平面紧密耦合
   B．SDN 通过中央控制器集中管理网络设备
   C．SDN 只能在专用硬件上运行
   D．SDN 的主要优势是降低网络灵活性

4. 以下不是 IPv6 地址的分类的是（ ）。
   A．单播地址   B．组播地址
   C．广播地址   D．任播地址

5. 以下用于管理 IP 多播通信的是（ ）。
   A．ARP   B．ICMP
   C．IGMP   D．RARP

二、填空题

1. IPv4 地址分为 A、B、C、D 和 E 五类，其中 A 类地址的范围是_____。
2. IPv6 地址由_____位二进制数构成，通常以冒号分隔的十六进制形式表示。
3. SDN 的核心理念是将控制平面从网络硬件中分离出来，由_____进行统一管理。
4. QUIC 协议通过_____提供与 TCP 类似的可靠传输服务，同时解决传统 TCP 协议的延迟和拥塞控制问题。

5. 在 IPv6 中，_____协议用于管理 IP 多播通信，通过在接收者主机和组播路由器之间交互报文来实现组成员管理功能。

三、问答题

1. 请简述 IPv6 与 IPv4 相比在地址空间和路由机制上的具体改进。
2. 请简述 SDN 的工作原理。

第 3 章 网络功能虚拟化

学习目标

- 理解虚拟化技术的定义、分类和应用场景。
- 了解 NFV 的发展历程，理解 NFV 的架构与实现。
- 分析 NFV 的性能挑战、安全挑战和市场机遇。

案例引导

以亚马逊网络服务（Amazon Web Sevices，AWS）为例，展示不同类型的虚拟化技术在其云计算服务中的应用。

AWS 的 EC2（Elastic Compute Cloud）服务是服务器虚拟化的典型应用。通过 EC2，AWS 允许用户在几分钟内快速部署和终止虚拟服务器实例，即虚拟机（Virtual Machine，VM）。这些虚拟机可以运行不同的操作系统和应用程序，同时保持相互隔离。

AWS 通过其 EBS（Elastic Block Store）服务实现存储虚拟化。EBS 允许用户创建虚拟硬盘卷，这些硬盘卷可以独立于底层物理存储设备进行管理。用户可以轻松地将这些存储卷附加到 EC2 实例上，实现存储资源的动态分配和扩展。

AWS 的 VPC（Virtual Private Cloud）服务提供了网络虚拟化的能力，AWS VPC 组件如图 3-1 所示。用户可以在 AWS 云中配置隔离的网络环境，创建虚拟网络、子网以及配置路由表和网络网关。这种网络虚拟化技术使得用户可以灵活地管理网络资源，并实现不同云服务之间的隔离和连接。

AWS 支持容器化技术，特别是通过 ECS（Elastic Container Service）和 EKS（Elastic Kubernetes Service）服务。这些服务允许用户部署和管理容器化应用程序，容器技术相较于传统虚拟机更为轻量级，可以实现更快速的部署和启动。

AWS 的 Lambda 服务是无服务器计算的一个例子。用户只需上传代码，AWS 会自动处理服务器的配置、管理和监控工作。这种无服务器架构使得用户可以专注于代码开发，而无须管理底层的虚拟机或容器。

AWS 支持跨云平台虚拟化，例如通过 VMware Cloud on AWS 服务，使得企业可以将 VMware 的虚拟机无缝迁移到 AWS 云平台。这种跨云迁移能力为用户提供了灵活性，允许他们在不同的云环境之间移动工作负载。

通过这些虚拟化技术的应用，AWS 展示了如何通过云计算服务提供商实现资源的高效利用、灵活管理和快速部署，同时降低成本和提高可扩展性。

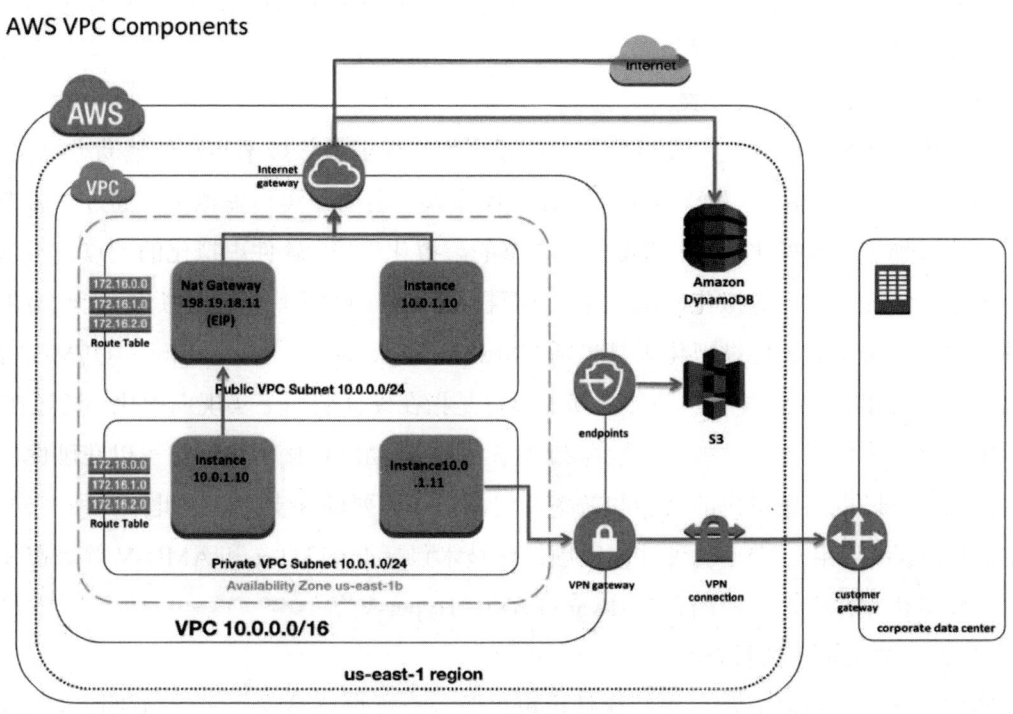

图 3-1　AWS VPC 组件

3.1　虚拟化技术概述

从广义上理解，虚拟化技术是一种 IT 资源管理、优化技术，其将计算机上的各种资源（如 CPU、内存、存储空间、网络适配器等）进行抽象、转换，分配给一个或者多个虚拟计算环境使用，实现 IT 资源的动态分配、灵活调度和跨域共享，从而提高 IT 资源利用率。从狭义上理解，虚拟化技术是将一台计算机虚拟为多台逻辑计算机，在一台计算机上同时运行多台逻辑计算机，每台逻辑计算机都是独立的，它们的工作互不影响，从而提高计算机的工作效率。

虚拟化技术的主要目标是简化 IT 资源的表示、访问和管理，并为这些资源提供标准接口，以减小 IT 基础设施变化对用户的影响。虚拟化技术可以降低资源用户与资源具体实现之间的耦合程度，让用户不再依赖于资源的某种特定实现。

3.1.1 虚拟化技术的分类

虚拟化技术经过多年的发展，已经成为一个庞大的技术家族，其技术种类繁多，实现的应用也自成体系。虚拟化技术可以按照虚拟化实现方法、虚拟化实现机制、虚拟化架构模型以及虚拟化应用领域四个维度进行分类。

1. 按照虚拟化实现方法分类

按照虚拟化实现方法分类，虚拟化技术可以分为软件虚拟化技术和硬件辅助虚拟化技术。

（1）软件虚拟化技术。软件虚拟化是指在操作系统层面上实现虚拟化，通过在虚拟机和宿主机之间添加一个虚拟化层，来模拟一个完整的虚拟化环境。软件虚拟化的优点是可以在没有硬件支持的情况下实现虚拟化，但是由于需要在操作系统层面上进行虚拟化，因此会带来一定的性能损失。常见的软件虚拟化工具包括 VMware Workstation、VirtualBox、QEMU 等。

（2）硬件辅助虚拟化技术。硬件辅助虚拟化是指在硬件层面上实现虚拟化，通过在 CPU 中添加虚拟化指令集来提高虚拟化的性能和效率。硬件辅助虚拟化的优点是可以在硬件层面上实现虚拟化，可以提高虚拟化的性能和效率，但是由于需要硬件支持，因此不是所有的 CPU 都支持硬件辅助虚拟化。常见的硬件辅助虚拟化技术包括 Intel VT-x 和 AMD-V 等。在使用这些技术的虚拟化软件中，常用的有 VMware ESXi、Hyper-V 等。

2. 按照虚拟化实现机制分类

按照虚拟化实现机制分类，虚拟化技术可以分为全虚拟化技术、半虚拟化技术和容器虚拟化技术。

（1）全虚拟化技术。全虚拟化技术是一种在虚拟机中运行的，操作系统不知道自己是在虚拟机中运行的虚拟化技术。它支持在虚拟机中运行多种操作系统，这些操作系统都认为自己是在物理服务器上运行的。全虚拟化技术通常使用虚拟机技术实现，可以在同一台物理服务器上运行多个虚拟机，每个虚拟机都有自己的操作系统、应用程序和文件系统，它们之间相互隔离，互不干扰。

（2）半虚拟化技术。半虚拟化技术是一种在虚拟机中运行的，操作系统知道自己是在虚拟机中运行的虚拟化技术。它支持在虚拟机中运行多种被修改的操作系统，这些操作系统都知道自己是在虚拟机中运行的，它们与虚拟化层之间可以直接通信，从而提高了性能。半虚拟化技术通常使用虚拟机技术实现，可以在同一台物理服务器上运行多个虚拟机，每个虚拟机都有自己的操作系统、应用程序和文件系统，它们之间相互隔离，互不干扰。

（3）容器虚拟化技术。容器虚拟化技术是一种将应用程序及其依赖项打包成一个容器的虚拟化技术。容器虚拟化技术支持在同一台物理服务器上运行多个容器，每个容器都有自己的文件系统、网络和进程空间，但是它们共享同一个操作系统内核。容器虚拟化技术可以提高应用程序的可移植性和兼容性，同时也可以提高服务器的利用率和灵活性。

3. 按照虚拟化架构模型分类

按照虚拟化架构模型分类，虚拟化技术可以分为裸金属架构、寄居架构和混合架构。

（1）裸金属架构。裸金属架构是一种直接在物理服务器上运行虚拟机的虚拟化技术。在裸金属架构中，虚拟机监控器（Virtual Machine Monitor，VMM）直接运行在物理服务器的硬件上，虚拟机则运行在 VMM 之上。裸金属架构可以提供接近原生性能的虚拟化环境，但是需要支持硬件辅助虚拟化技术。

（2）寄居架构。寄居架构是一种在操作系统之上运行虚拟机的虚拟化技术。在寄居架构中，VMM 运行在操作系统之上，虚拟机则运行在 VMM 之上。寄居架构可以实现更好的资源隔离和管理，但是需要操作系统的支持，同时也会带来一定的性能损失。

（3）混合架构。混合架构是一种将裸金属架构和寄居架构相结合的虚拟化技术。在混合架构中，VMM 直接运行在物理服务器的硬件上。混合架构中 VMM 只负责 CPU 和内存虚拟化，输入/输出（Input/Output，I/O）设备的虚拟化由 VMM 和特权级操作系统共同完成。

虚拟化构架模型分类比较见表 3-1。

表 3-1 虚拟化架构模型分类比较

架构类型	优点	缺点
裸金属架构	（1）性能接近于原生架构，因为 VMM 直接运行在物理服务器的硬件上，不需要操作系统的干预。 （2）可以支持更多的操作系统和应用程序，因为 VMM 可以直接访问物理服务器的硬件资源。 （3）可以提供更好的安全性和隔离性，因为虚拟机之间是完全隔离的	（1）需要支持硬件辅助虚拟化技术，否则无法运行 VMM。 （2）部署和管理比较复杂，需要专业的技术人员进行配置和维护。 （3）不支持动态资源分配和管理，需要手动配置虚拟机的资源
寄居架构	（1）部署和管理比较简单，可以使用操作系统的管理工具进行配置和维护。 （2）支持动态资源分配和管理，可以根据需要调整虚拟机的资源。 （3）可以实现更好的资源隔离和管理，因为虚拟机之间是通过操作系统进行隔离的	（1）性能比裸金属架构的略差，因为 VMM 需要运行在操作系统之上。 （2）可能会受到操作系统的限制，例如操作系统的内存限制和文件系统限制。 （3）可能会受到操作系统的安全漏洞影响，例如操作系统的漏洞可能会影响到所有运行在宿主机上的虚拟机
混合架构	可以同时享受裸金属架构和寄居架构的优点，例如可以提供接近于原生性能的虚拟化环境，同时也可以实现更好的资源隔离和管理	（1）部署和管理比较复杂，需要专业的技术人员进行配置和维护。 （2）可能会受到操作系统的限制和安全漏洞的影响，需要进行适当的安全措施

4. 按照虚拟化应用领域分类

按照虚拟化应用领域分类，虚拟化技术可以分为服务器虚拟化技术、存储虚拟化技术、网络虚拟化技术、桌面虚拟化技术、应用程序虚拟化技术和平台虚拟化技术，如图 3-2 所示。

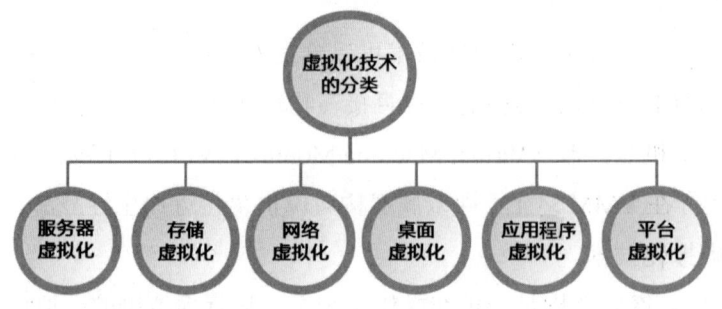

图 3-2　按照虚拟化应用领域分类

（1）服务器虚拟化技术。服务器虚拟化技术是一种将一台物理服务器划分为多个虚拟机的虚拟化技术。它可以使多个虚拟机在同一台物理服务器上运行，从而提高服务器的利用率和灵活性。服务器虚拟化技术通常使用虚拟机技术实现，可以在同一台物理服务器上运行多个虚拟机，每个虚拟机都有自己的操作系统、应用程序和文件系统，它们之间相互隔离，互不干扰，如图 3-3 所示。

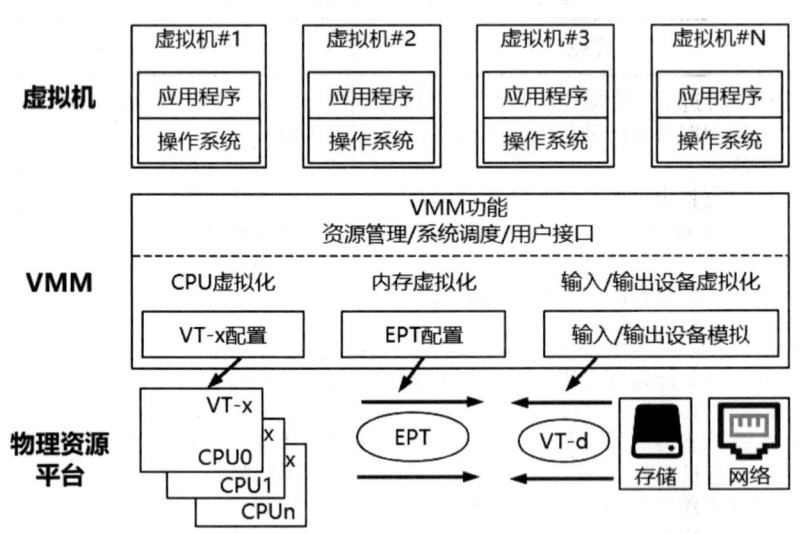

图 3-3　服务器虚拟化

（2）存储虚拟化技术。存储虚拟化技术是一种将多个存储设备虚拟化为一个逻辑存储设备的虚拟化技术。它可以提高存储资源的利用率和可管理性，同时也可以提高数据的可靠性和可用性。存储虚拟化技术通常使用存储虚拟化器实现，存储虚拟化器可以将多个存储设备虚拟化为一个逻辑存储设备，从而使应用程序可以访问逻辑存储设备而不需要知道实际的存储设备。

（3）网络虚拟化技术。网络虚拟化技术是一种将物理网络设备虚拟化为多个逻辑网络设备的虚拟化技术。它可以提高网络资源的利用率和可管理性，同时也可以提高网络的可靠性和可用性。网络虚拟化技术通常使用网络虚拟化器实现，网络虚拟化器可以将物理网络设备虚拟化为多个逻辑网络设备，从而使应用程序可以访问逻辑网络设备而不需要知道实际的网络设备，如图 3-5 所示。

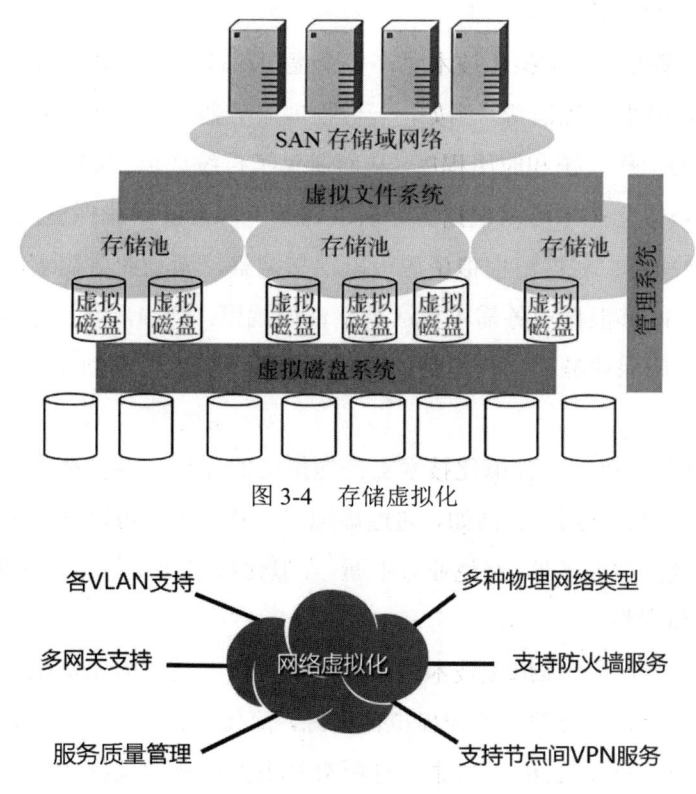

图 3-4 存储虚拟化

图 3-5 网络虚拟化

（4）桌面虚拟化技术。桌面虚拟化技术是一种将多个虚拟桌面运行在一台物理计算机上的虚拟化技术。桌面虚拟化技术可以将多个用户的桌面环境隔离开，从而提高桌面资源的利用率，简化桌面管理和配置，同时也可以提高桌面的安全性和可靠性。

（5）应用程序虚拟化技术。应用程序虚拟化技术是一种将应用程序和其依赖的库文件打包成一个独立的虚拟化容器，从而可以在不同的操作系统和环境中运行的虚拟化技术。应用程序虚拟化技术可以简化应用程序的部署和管理，同时也可以提高应用程序的可移植性和安全性。

（6）平台虚拟化技术。平台虚拟化技术是一种将整个操作系统和应用程序打包成一个独立的虚拟化容器从而可以在不同的硬件和操作系统中运行的虚拟化技术。平台虚拟化技术可以简化应用程序的部署和管理，同时也可以提高应用程序的可移植性和安全性。

3.1.2 虚拟化技术的优势与挑战

虚拟化技术通过将物理资源抽象为虚拟资源为企业和组织带来了显著的优势,但同时也面临一些挑战。以下是对虚拟化技术的主要优势与挑战的详细描述。

1. 虚拟化技术的优势

(1) 资源利用率提高。虚拟化技术允许多个虚拟机或应用共享同一物理资源,最大化硬件资源的使用效率,减少资源浪费。例如,一台物理服务器可以同时运行多个虚拟机,每个虚拟机可以运行不同的操作系统和应用程序,从而避免了传统环境中服务器的低利用率问题。通过动态资源分配,虚拟化技术可以根据实际需求调整资源分配,确保资源的高效利用。

(2) 高灵活性和可扩展性。虚拟资源可以动态调整,满足业务需求的变化。支持动态资源分配和快速部署,能够根据业务需求灵活调整资源规模。例如,企业可以根据流量波动动态调整虚拟机的数量,确保业务的高效运行。虚拟化技术还支持快速创建和销毁虚拟环境,加速应用开发和测试。

(3) 高可用性和容错性。虚拟化技术支持虚拟机的迁移、备份和恢复,提高了系统的可用性和容错性,确保业务连续性。例如,通过虚拟机迁移技术,可以在物理服务器出现故障时将虚拟机快速迁移到其他服务器,避免业务中断。虚拟化技术还支持自动化的备份和恢复机制,确保数据的安全性和完整性。

(4) 管理与维护简化。虚拟化技术通过集中化管理工具,简化资源分配和运维流程。通过集中管理平台,可以统一管理和监控虚拟化资源,简化运维工作。例如,企业可以通过虚拟化管理平台(如 VMware vCenter)集中管理所有的虚拟机和存储资源,降低管理复杂性。虚拟化技术还支持自动化运维,减少人为错误和运维成本。

2. 虚拟化技术的挑战

(1) 性能损失。虚拟化技术在提高资源利用率的同时也会带来一定的性能损失。虚拟机之间的资源共享和虚拟化层的运行会占用一定的计算资源和内存,可能导致应用程序的性能下降。

(2) 安全性隐患。虚拟化技术需要在物理服务器上共享硬件资源,这可能会导致安全性隐患。一台虚拟机的安全漏洞可能影响其他虚拟机,造成更大的安全风险。

(3) 资源管理和调度复杂。虚拟化技术需要合理地管理和调度虚拟机的资源,确保每个虚拟机都能得到足够的资源。这对于管理员来说是一个挑战,需要精确地评估和规划资源分配。

(4) 数据管理和备份困难。虚拟化环境中存在大量的虚拟机和数据,如何有效地管理和备份这些数据是一个挑战。管理员需要制定合适的数据管理和备份策略,确保数据的安全和可靠性。

3.1.3 虚拟化技术的应用场景

虚拟化技术凭借将物理资源巧妙抽象为虚拟资源这一特性，极大程度地提升了资源的利用率、灵活性以及可管理性，已然成为现代信息技术领域中不可或缺的关键技术。以下是其在不同领域的核心应用场景。

1. 数据中心整合与优化

在传统的数据中心架构里，众多物理服务器常常处于低负载运行状态。每台服务器可能仅运行单个应用程序或服务，使得服务器资源利用率长期维持在较低水平，造成了资源的严重浪费，也增加了不必要的成本开销。借助服务器虚拟化技术，企业能够把多台物理服务器整合到少数几台高性能服务器之上。举例来说，原本需要 10 台物理服务器分别承载不同业务，现在通过虚拟化技术，可将这些业务整合到 3~4 台高性能服务器上，有效提升资源利用率。这一整合不仅显著减少物理服务器的采购数量，降低采购成本以及后续的硬件维护成本，还能通过集中化管理平台对整合后的服务器资源进行统一监控与运维，大大提高管理效率，减少人工操作的复杂性和出错概率。同时，虚拟化技术支持依据业务的实时需求，灵活且精准地对计算、存储和网络资源进行动态调配，比如在电商促销活动期间，可及时为电商业务系统分配更多计算资源，以应对流量高峰。如 VMware vSphere 凭借强大的虚拟化功能和广泛的兼容性在企业级数据中心被广泛应用；Microsoft Hyper-V 与 Windows Server 系统紧密集成，为 Windows 环境下的虚拟化提供便利；KVM 作为基于 Linux 内核的开源虚拟化技术，凭借开源特性和良好性能，受到众多追求低成本、高定制化的企业青睐。

2. 云计算

虚拟化技术无疑是云计算的核心支撑技术，全方位支持公有云、私有云和混合云实现资源池化以及按需服务。全球知名的云服务提供商 AWS、Azure、Google Cloud 等，均借助虚拟化技术，将计算、存储和网络资源进行池化管理，为用户提供弹性计算服务，用户可根据自身业务需求，灵活选择所需的虚拟机配置、存储容量以及网络带宽。在业务高峰期，用户能够迅速增加计算资源，满足业务爆发式增长的需求；而在业务低谷期，又可及时回收资源，避免资源闲置浪费，有效降低成本。企业采用按需付费模式，无须一次性投入大量资金购置硬件设备，大大降低了 IT 成本，特别适合资金有限的中小企业。同时，借助虚拟化技术还能轻松实现不同云环境之间的协同工作，提高业务的灵活性和可靠性。企业可以根据不同业务的需求，选择将部分业务部署在公有云，部分关键业务部署在私有云，充分发挥不同云的优势。OpenStack 作为开源的云计算平台，提供了丰富的云计算服务组件，支持大规模的云资源管理；Kubernetes 专注于容器编排，有效管理容器化应用的部署、扩展和运维；Docker 则以容器技术为核心，实现了应用的快速打包、分发和部署，在云计算领域发挥着重要作用。

3. 软件开发与测试

在软件开发与测试的复杂过程中，虚拟化技术为开发人员打造了独立且隔离的测试环境，有力支持多版本和多平台的开发测试工作。开发人员能够借助虚拟化技术快速创建多个不同操作系统、不同软件版本组合的测试环境。例如，在开发一款跨平台应用时，可同时创建 Windows、MacOS、Linux 等多种操作系统的虚拟机，在这些虚拟机中分别进行应用的开发和测试，确保应用在不同平台上的兼容性和稳定性。虚拟化技术保障了测试环境的高度一致，极大减少了因环境差异导致的测试问题，提高了测试结果的准确性和可靠性。同时，能够快速搭建测试环境，在测试完成后又可迅速销毁，节省了大量时间，有效缩短了开发周期，使软件能够更快地推向市场。并且减少了对大量物理设备的需求，降低了硬件成本投入，开发人员无须为每一个测试场景配备专门的物理设备。VMware Workstation 是一款功能强大的桌面虚拟化软件，为开发测试人员提供了便捷的虚拟机创建和管理功能；Oracle VirtualBox 作为开源的虚拟化软件，具有良好的跨平台性，能满足不同操作系统下的虚拟化需求；Docker 则以容器化技术为特色，实现了应用及其依赖环境的一体化封装，方便在不同环境中快速部署和测试。

4. 灾难恢复与业务连续性

虚拟化技术凭借其强大的虚拟机快速备份、复制和迁移能力，成为企业实现高效灾难恢复和业务连续性保障的有力工具。企业可利用虚拟化技术定期将关键应用和数据备份到远程数据中心。当本地数据中心遭遇自然灾害、硬件故障等突发灾难时，可迅速从远程备份中恢复虚拟机，确保业务的正常运行。这种方式提供了高效的备份和恢复机制，大大缩短了业务中断时间，减少了因业务中断带来的经济损失。同时支持虚拟机在不同物理服务器或数据中心之间迁移，确保业务的高可用性，即使在服务器维护或故障时，业务也能持续运行。还减少了对专用灾难恢复硬件设备的依赖，降低了灾难恢复的整体成本，提高了企业的成本效益。比如 VMware vSphere Replication 能够实现虚拟机的实时复制和异步复制，确保数据的一致性和完整性；Microsoft Hyper-V Replica 则与 Windows Server 系统紧密结合，为 Hyper-V 虚拟机提供高效的复制和恢复功能。

5. 远程办公与桌面虚拟化

桌面虚拟化技术打破了传统办公的地域限制，允许用户通过笔记本、平板、手机等各类设备随时随地访问其个人桌面环境，为远程办公和移动办公提供了坚实的技术支持。企业通过部署桌面虚拟化解决方案，让员工在家中或外出途中只需通过网络连接就能像在办公室一样访问企业内部的各类资源，如文件服务器、业务系统等。这不仅满足员工随时随地办公的需求，提高了工作的便捷性和灵活性，员工可以根据自身情况合理安排工作时间和地点，从而提升工作效率；还通过集中化管理桌面环境简化了桌面系统的维护工作，管理员只需在数据中心对虚拟桌面进行统一的配置、升级和维护，无须再对每台终端设备进行单独操作。并且数据集中存储和管理在数据中心，减少了因终端设备丢失、损坏等原因导致的数据泄露风险，同时也便于实施数据加密、访问控制等安全措施。VMware Horizon 提供了丰富的桌面虚拟化功能，支持多种设备接入，保障用户获得良好的使用体验；Citrix Virtual Apps and Desktops 在桌面虚拟化领域具有深厚的技术积累，以其高性能和稳定性受到众多企业的认可；Microsoft Remote Desktop Services 则是 Windows Server 系统自带的远程桌面服务，为 Windows 环境下的远程办公提供了基础支持。

3.2 网络功能虚拟化的发展与技术关联

在数字化转型的浪潮中，网络功能虚拟化（Network Function Virtualization，NFV）正成为运营商突破管道化困境的关键引擎。这项技术通过将传统专有硬件承载的网络功能虚拟化为软件形态，运行于标准 x86 服务器之上，彻底颠覆了"硬件定义网络"的传统模式。以往需要数月部署的新业务，在 NFV 架构下可缩短至小时级迭代，使运营商能够以互联网级的敏捷性响应市场需求——比如某省运营商依托 NFV 平台，在 72 小时内完成 5G 边缘计算节点的功能升级，快速支撑了当地智慧工厂的低时延控制需求。更重要的是，NFV 通过资源池化管理，将网络设备资本性支出（Capital Expenditure，CAPEX）降低 40%以上，经营性支出（Operating Expenditure，OPEX）节省 35%，让长期受困于高额基础设施投入的运营商首次实现了"轻资产运营"与"高效能服务"的双重突破。

当 NFV 与软件定义网络（Software Defined Network，SDN）、人工智能深度融合，其价值正在从"降本工具"升维为"创新底座"。在浙江电信的智能云网中，基于 NFV 构建的网络切片系统，可根据不同行业需求动态分配资源，使医疗影像传输时延稳定在 10ms 以下，工业控制指令响应速度提升至 5ms 级，为远程手术、无人生产线等极致场景提供了底层支撑。而中国移动的 NFV 智能运维平台，通过 AI 算法自动识别 98%的网络异常，故障处理效率提升 70%，网络资源利用率优化超 30%。这种"软件定义能力、数据驱动决策"的新范式，不仅让运营商摆脱了对硬件厂商的长期依赖，更使其具备了与互联网企业同台竞技的技术底气——某东南亚运营商基于 NFV 开发的云原生 5G 专网解决方案，已成功切入智能制造领域，创造出传统管道业务 3 倍以上的利润空间，标志着 NFV 正从技术创新转化为实实在在的商业竞争力。

3.2.1 网络功能虚拟化的发展历程

NFV 作为推动通信网络从专用硬件向软件定义架构转型的核心技术，自 2012 年概念提出以来，历经标准化奠基、商用落地、规模化部署及技术融合创新，已成为全球通信产业变革的重要引擎。以下从时间维度梳理 NFV 的关键发展节点与技术演进路径。

2012年10月，AT&T、英国电信、中国移动、德国电信等12家全球主流运营商在德国达姆施塔特联合发布NFV技术白皮书，首次提出通过基于x86标准的通用服务器、存储和交换设备，替代私有专用的网元设备，实现网络功能的软件化与灵活部署。这一理念直击传统网络痛点：x86设备成本较专用硬件降低60%~70%，且软硬件解耦后新业务上线周期从18个月缩短至小时级，同时开放API接口为运营商释放网络能力、创新商业模式提供可能。同年11月，欧洲电信标准化协会（European Telecommunications Standards Institute，ETSI）成立NFV行业规范组（NFV Industry Specification Group，NFV ISG），标志着NFV进入全球标准化协作阶段。该组织迅速吸引160余家会员单位，涵盖主流运营商、设备商、IT厂商，开启了架构定义、需求梳理与技术验证的系统性工作。

2013年，ETSI NFV ISG发布首个NFV参考架构，明确三大核心模块：虚拟资源层（NFV Infrastructure，NFVI）、虚拟网络功能（Vitual Network Function，VNF）、管理编排层（Management and Orchestration，MANO），为技术落地提供蓝图。2014年，NFV发展迎来两大里程碑：9月，AT&T、中国移动、戴尔等联合Linux基金会成立OPNFV开源组织，聚焦虚拟化资源层软件研发，推动技术快速迭代与成本优化；11月，NFV ISG进入第二阶段，从预标准研究转向行业转型与跨组织协作，发布系列技术文档覆盖架构设计、安全可信、服务质量等领域，并开展38项概念验证（Proof of Concept，PoC），验证核心网虚拟化、边缘计算等场景的可行性，为商用部署扫清技术障碍。

2015年被业界定义为NFV商用元年，标志着技术从实验室走向现网：AT&T启动Domain 2.0计划，利用NFV/SDN打造"用户定义网络云"，在全美100多个城市部署"按需网络"服务，通过自助门户与API实现网络功能的灵活配置，企业客户业务开通效率提升70%，测试周期从18个月缩短至18分钟；全球NFV硬件、软件及服务市场规模达23亿美元，中国电信、中国移动、中国联通分别开展虚拟4G核心网（Evolved Packet Core，EPC）、语音核心网（Virtualinternet IP Multimedia Subsystem，vIMS）试点，验证虚拟化技术的可靠性与性能；OPNFV发布首个版本Arno，实现NFV基础设施的自动化部署，加速技术标准化与互操作性。

随着5G商用临近，NFV成为支撑新一代网络架构的关键技术。2016年，韩国SKT率先规模化部署vEPC和vIMS，成为全球首个实现核心网全面虚拟化的运营商；中国联通发布WOMANO开源平台，解决NFV管理与编排难题，故障处理效率提升50%。2017年，AT&T发布开源AI平台Acumos，将机器学习引入网络资源调度，降低能耗15%~20%；中国移动启动NovoNet试验网，验证三层解耦架构与ONAP编排平台，为5G网络切片奠定基础。2018年全球NFV市场规模突破50亿美元，运营商CAPEX中NFV相关支出占比从10%提升至20%，传统设备商加速向软件服务商转型，华为、诺基亚云原生解决方案收入占比超30%。

5G商用加速了NFV的全域应用。2019年，第三代合作伙伴计划（3rd Generation Partnership

Project，3GPP）将 NFV 纳入 5G 标准，支持网络切片、边缘计算等特性，中国电信发布《CTNet2025 网络架构白皮书》，明确核心网 100%云化目标，2023 年核心网虚拟化比例超 80%，支撑增强移动宽带（Enhanced Mobile Broadband，eMBB）、超可靠低时延通信（Ultra-reliable and Low Latency Communications，uRLLC）等业务。2023 年，全球 SDN/NFV 市场规模达 280 亿美元，中国市场占比 21%（56 亿美元），边缘节点 SDN 部署率突破 60%，成为数字化转型的基础设施标配；中国移动边缘计算节点超 1000 个，在工业互联网中实现 5ms 级端到端时延控制，推动智能制造、自动驾驶等场景落地；Vodafone 在德国现网部署虚拟化 PDN 网关（PDN GateWay，P-GW）设备，验证边缘节点与核心网的协同能力。

面对 6G 与数字化转型新需求，NFV 进入技术深度融合阶段。2024 年，ETSI NFV ISG 发布 Release 5.2.1 版本，引入容器化 VNF、AI 驱动资源调度（能耗降低 17%~22%）、5G 增强支持，为 6G 太赫兹通信与无蜂窝网络架构提供支撑；OPNFV 发布 Fraser 版本，整合开放网络自动化平台（Open Network Automation Platform，ONAP）编排平台，中国移动主导的 OpenRetriever 项目成为首个 NFV 容器开源标准，推动云原生与虚拟化深度融合。2025 年，AT&T 完成 75%核心网功能虚拟化，基于微软 Azure Operator Nexus 构建统一云原生核心网，每 TB 数据传输成本降低 70%，并探索 6G 卫星-地面融合组网；中国电信电信云进入 AI 原生 3.0 时代，通过"算网智"一体化架构支撑工业互联网，中国联通 WOMANO 平台向开源社区开放，助力中小运营商网络转型；全球 SDN/NFV 市场规模预计达 280 亿美元，边缘计算、绿色节能（单位比特能耗较 5G 降低 90%）、安全可信成为研发重点，NFV 与 SDN、AI、数字孪生的融合架构，正为 6G 的 1Tbps 峰值速率、微秒级时延目标铺路。

今后 NFV 将加速推动通信产业"CT 与 IT 融合"的终极目标：技术层面，与 AI 结合实现自治网络，故障自愈时间压缩至分钟级；与量子加密融合提升虚拟网络安全性；与数字孪生技术结合实现网络实时仿真与优化。市场层面，预计 2030 年全球 SDN/NFV 市场规模突破 820 亿美元，亚太地区贡献度提升至 45%，中国城域接入网 NFV 渗透率超 75%，成为"东数西算""双碳"目标等国家战略的关键使能技术。生态层面，运营商从硬件采购转向软件订阅，设备商转型为解决方案服务商，云服务商通过网络即服务（Network as a Service，NaaS）占据 15%以上市场份额，形成"开放、协作、智能"的全新产业生态。

3.2.2 NFV 与云计算的协同关系

云计算是一种借助于互联网方式，按需获取一系列可调配资源（如计算、存储、网络、应用服务）的服务，这些资源可被服务提供商管理，并迅速调配、交付和释放。云计算从正式提出到现在已经经历了 8 年，从 Gartner 技术曲线也可以看出，云计算早已从技术爆发期过渡到平稳发展期，云计算是以虚拟化技术为原点，不断发展融合，继而成为平台，提供服务。虚拟化也从计算虚拟化发展到存储虚拟化和网络虚拟化，从而引出 NFV 的概念。网络功能虚拟化是三者融合的虚拟化技术。

虚拟化技术是一种将现有计算、存储、网络等各种实体资源进行抽象、转换的资源管理技术。虚拟化技术是 IT 技术发展趋势的一部分，可以为用户带来更好的使用实体资源的组织管理方式，并且这些实体资源的虚拟部分是不受现有资源的架设方式、地域或物理组态所限制。虚拟化技术并不是一门新技术。早在 1960 年，IBM 就第一次提出了虚拟化的概念。目前虚拟化技术种类繁多，如服务器虚拟化、存储虚拟化、网络虚拟化、应用虚拟化等。

服务器虚拟化，顾名思义，就是将服务器物理资源抽象成逻辑资源，让一台服务器变成几台甚至上百台相互隔离的虚拟服务器。最近，随着 x86 服务器的普及，服务器虚拟化已经达到了饱和点，近三分之二的 x86 服务器工作负载是虚拟化的。2014 年，在 Gartner 关于 x86 服务器虚拟化基础架构的年度调查中，VMware 和微软均被列入领导者象限，前者领先后者紧随。

存储虚拟化就是对存储硬件资源进行抽象化表现。目前，存储虚拟化的应用并未及服务器虚拟化普遍，部分原因是存储硬件便宜，采用这种技术的动机没有服务器虚拟化那么强烈。2014 年，VMware 收购了一家虚拟存储公司，从而巩固其虚拟存储功能，并发布 Virtual SAN（VSAN）的测试版本，这是一个用于汇集多个物理服务器上的基于服务器闪存的解决方案。微软也一直在加强其 Storage Spaces 技术。目前存储虚拟化逐渐被软件定义存储概念所代替，软件定义存储（Software Defined Storage，SDS）是一种数据存储方式，所有存储相关的控制工作都从阵列控制器中剥离出来。这个软件不是作为存储设备中的固件，而是在一个服务器上作为操作系统或 Hypervisor 的一部分。而硬件可以是通用 x86 服务器的普通硬盘存储。

网络虚拟化早期指虚拟专用网络（Virtual Private Network，VPN），现在多指软件定义网络。VPN 对网络连接的概念进行了抽象，允许远程用户访问组织的内部网络，如同物理上连接到该网络一样。SDN 从 2013 年开始正式进入大众视野通过控制与转发分离实现网络的虚拟化。

应用虚拟化包括两层含义：一是应用软件虚拟化；二是桌面虚拟化。应用软件虚拟化是指把应用软件对底层系统和硬件的依赖抽象出来，从而解除应用软件与操作系统和硬件的耦合关系。桌面虚拟化则专注于桌面应用及运行环境的模拟与分发，是对现有桌面管理自动化体系的完善和补充。

NFV 虚拟化是对传统网络的一种颠覆，是对虚拟化技术乃至云平台技术的深化和融合，既借助云平台实现网元功能的虚拟化，又借助 SDN 实现虚拟化网元的连接，这需要电信运营商、设备商、软件开发商开放合作，形成完整的生态体系。

3.2.3 NFV 与 SDN 的协同关系

网络设备一般由控制平面和数据平面组成。控制平面为数据平面制定转发策略，规划转发路径，如路由协议、网关协议等。数据平面则是执行控制平面策略的实体，包括数据的封装/解封装、查找转发表等。目前，设备的控制面和转发面都由设备厂商自行设计和开发，不同厂家实现的方式不尽相同。并且，软件化的网络控制面功能被固化在设备中，使设备使用者没有任何控制网络的能力。这种控制平面和数据平面紧耦合的方式带来了网络管理复杂、网络测试繁杂、网络功能上线周期漫长等问题。因而，软件定义网络应运而生。

SDN 作为一种新型的网络架构，将设备紧耦合的网络架构解耦成应用、控制、基础设施分离的三层架构，通过标准化的交互协议可实现数据转发层面与控制层面的分离，解耦后的架构提供网络应用的接口，实现网络的集中管理和网络应用的可编程。SDN 理念试图打破现有紧耦合的组网模式，为网络灵活控制与统一管理提供思路。

NFV 初衷是通过研究发展标准虚拟化技术，使许多网络设备类型能够融入符合行业标准的大量服务器、交换机和存储设备中，进而解决网络现有的问题。其中，包括在一系列行业标准服务器硬件上运行的软件中执行网络功能，这里的软件可以根据需要在网络中不同位置的硬件上安装和卸载，不需要安装新的硬件设备。该技术可以为网络运营商和他们的客户提供显著的好处：

（1）通过减少设备的成本和能耗，降低运营商的 CAPEX 和 OPEX。
（2）缩短部署新网络业务的上市时间。
（3）提高新业务的投资利润率。
（4）按比例增加、减少和发展业务更具灵活性。
（5）向虚拟应用市场和纯软件新成员开放。
（6）有机会低风险开展创新业务的实验和部署。

从定义和本质来讲，SDN 和 NFV 是相互独立的两个概念，但是作为未来网络最重要的两项技术，却紧密相关。ETSIISG 工作组发布了白皮书 *Network Function Vitualization-Introductory White Paper*。在该白皮书中，详细描述了 NFV 与 SDN 的关系，如图 3-6 所示。

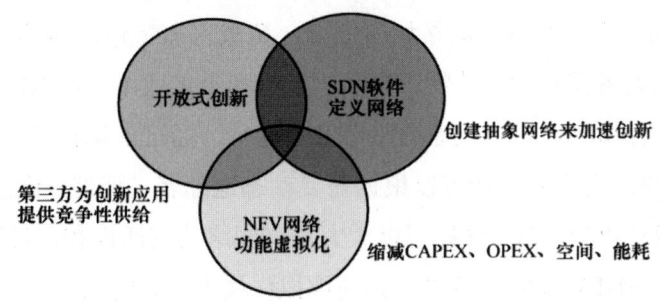

图 3-6　NFV 与 SDN 的关系

首先，网络功能虚拟化和软件定义网络有很强的互补性，但并不相互依赖。尽管两个概念和解决方案可以融合，并且形成更大的潜在价值，但网络功能虚拟化可以不依赖于 SDN 部署。

其次，依赖于应用在大量数据中心内的现有技术，网络功能虚拟化的目标可以基于非 SDN 的机制而实现。但是，如果可以逐渐接近 SDN 所提出的将控制平面和数据平面分离的思路，那么就能进一步使现有的部署性能增强且简化互操作性，减轻运营和维护流程的负担。

3.3 网络功能虚拟化的架构与实现

3.3.1 NFV 的定义

网络功能虚拟化是一种通过虚拟化技术将传统网络设备功能（如路由器、防火墙、负载均衡器等）从专用硬件中解耦，通过虚拟化技术转变为可在通用服务器上运行的软件，这些软件实体被称为虚拟网络功能，NFV 示意图如图 3-7 所示。

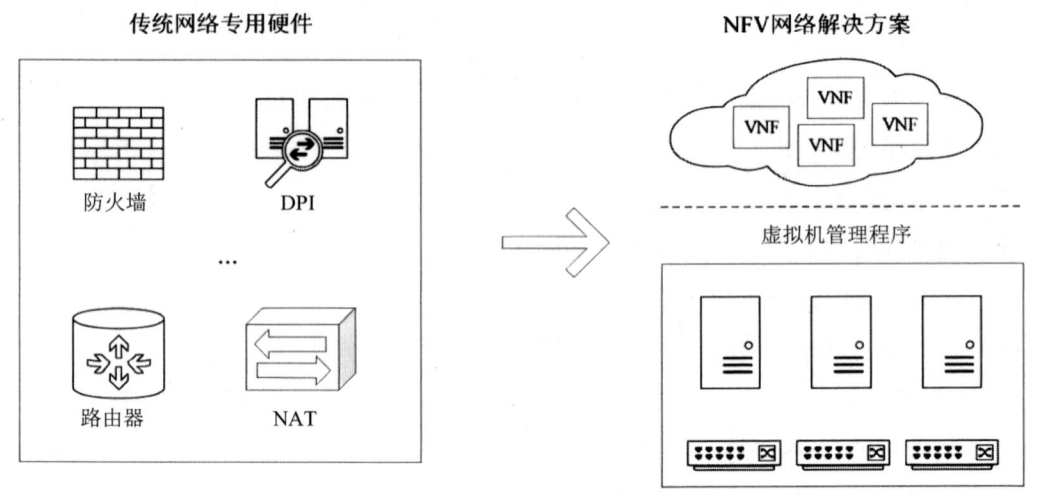

图 3-7 NFV 示意图

在传统的网络架构中，网络功能（如防火墙、负载均衡、路由器等）通常是通过专用硬件设备实现的，这些设备需要大量的物理空间、能源和维护成本。而 NFV 技术将这些网络功能抽象为虚拟化的软件实例，可以在通用服务器上运行，通过虚拟化平台进行管理和编排。

通过 NFV，网络运营商和企业可以根据需要动态地部署、调整和删除网络功能，而无须进行物理设备的更换或重新布线。这样可以大大提高网络的灵活性和可扩展性，同时降低了网络部署和维护的成本。NFV 技术还可以与其他虚拟化技术（如虚拟化服务器、存储虚拟化等）结合使用，构建出更加灵活、可靠和高效的虚拟化网络环境。

NFV 通过使用 x86 等通用性硬件以及虚拟化技术，来承载很多的网络功能化软件，从而降低网络昂贵的设备成本。NFV 技术可以通过软硬件解耦及功能抽象,使网络设备功能不再依赖于专用硬件,资源可以充分灵活共享,实现新业务的快速开发和部署,并基于实际业务需求进行自动部署、弹性伸缩、故障隔离和自愈。

虚拟化消除了网络功能和硬件之间的依赖关系,为虚拟化网络功能创建了标准化的执行环境和管理接口。可使多个 VNF 以虚拟机的形式共享物理服务器,物理服务器进一步汇集成为一个集中而灵活的共享网络资源虚拟化基础设施(Network Element Virtualization Infrastructure,NEVI)资源池,这和云计算基础设施很像,而业界主流的 NEVI 实现也是在云计算基础设施即服务(Infrastructure as a Service,IaaS)基础之上,进行了性能、稳定性的优化。NFV 的分层架构,使 NFV 各模块解耦,运营商和设备商各司其职,既紧密合作,又无强绑定。

已发布的 NFV 用例文档描述了 NFVISG 各成员提出的 NFV 可能应用的场景。主要包括 9 个不同的用例,分别是基础设施即服务、虚拟网络功能即服务、虚拟网络平台即服务、虚拟网络功能转发表、核心网和 IP 多媒体子系统(IP Multimedia Subsystem,IMS)虚拟化、基站虚拟化、家庭互联网虚拟化、内容分发网络(Content Delivery Network,CDN)虚拟化、固网接入虚拟化,涵盖了无线接入、固网接入、企业/家庭、CDN、核心网、数据中心等不同场景。

3.3.2　NFV 的参考架构

NFV 架构是欧洲电信标准协会提出的用于定义 NFV 实施标准的一种标准架构。NFV 的理念是将标准化的网络功能应用于统一制式的硬件上。不同于传统物理设备中软件与硬件强绑定的关系,在 NFV 架构中,实现各种网络功能的标准化软件必须能够应用在同一台硬件设备上。这就要求 NFV 需要有一个统一的标准。

NFV 的参考架构如图 3-8 所示,主要由三部分构成,即 NFVI、VNF、NFV MANO。其中,NFVI 包含各类物理资源及其虚拟化层,为 VNF 的运行提供基础支撑;VNF 是基于软件实现的网络功能,可部署并运行在 NFVI 之上;NFV MANO 则负责对软硬件资源及 VNF 进行统一的管理与编排。

1. NFVI

NFVI 包括各种计算、存储、网络等硬件设备,通过虚拟化控制软件,将硬件相关的计算、存储和网络资源全面虚拟化,实现资源池化。其中 NFVI 包括硬件资源、虚拟化层和虚拟资源三部分。

(1)硬件资源。硬件资源包括计算设备、存储设备和网络设备。计算设备提供计算处理能力,计算节点采用通用的服务器,例如 x86 PC 服务器,包括 CPU、内存、网卡和本地存储等,也可以包括加速硬件,如硬件加解密、DPI、包转发等。通用服务器有较好的性能,价格相对低廉。存储硬件提供存储能力，存储节点可以是网络接入存储（Network Attached Storage，NAS）和存储区域网络（Storage Area Network，SAN）等存储方式。计算和存储资源通常被合并。网络硬件包括交换机和路由器等连接设备，提供互通功能。对于运营商而言，硬件资源可以部署在数据中心、网络节点及用户驻地网等。这些硬件资源能够通过虚拟层为 VNF 提供处理、存储和连接功能。

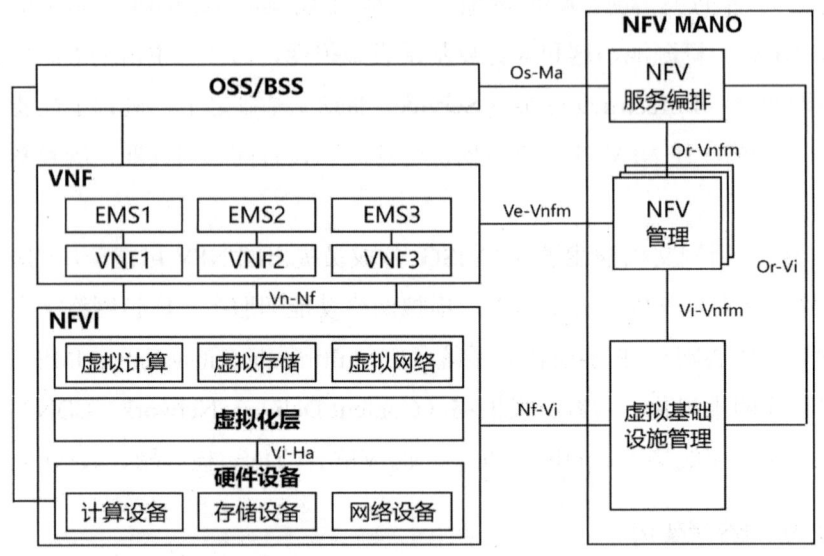

图 3-8　NFV 的参考架构

（2）虚拟化层（Virtualization Layer）。虚拟化层通过对硬件资源的抽象处理，实现了 VNF 软件与底层物理硬件的解耦，这一特性使得 VNF 能够灵活部署于不同类型的物理资源之上。目前，虚拟化层的典型技术方案主要分为两大类：基于 Hypervisor 的虚拟机方案与基于 Container 的容器方案。以下将重点解析 Hypervisor 方案的核心机制：

在 Hypervisor 架构下，虚拟化层以 VM 为载体，为上层应用动态分配内存、CPU、网络、存储等虚拟资源。单个 VNF 可根据业务需求部署在单 VM 或多 VM 集群中，形成灵活的资源承载模式。Hypervisor 作为硬件与操作系统之间的中间层，通过硬件虚拟化技术将物理服务器的计算、存储、网络资源进行逻辑分割，允许搭载不同操作系统的多个虚拟机在同一物理服务器上独立运行。这种架构不仅实现了硬件资源的最大化利用——使单一物理服务器的资源可被多个 VM 共享调用，更通过虚拟层的统一资源调度机制，确保了资源分配的动态性与均衡性，为 VNF 的弹性扩展和高可用性部署提供了底层支撑。

该方案通过构建隔离的虚拟执行环境，在保障各虚拟机间数据安全与性能独立的同时，显著降低了传统专用硬件的资源浪费问题，成为 NFV 架构中实现通用服务器承载电信级网络功能的关键技术基础。

（3）虚拟资源。虚拟的计算和存储资源体现为 VM，而虚拟的网络资源由虚拟链路和节点组成。虚拟机被部署在高容量的服务器上，利用云计算提供虚拟资源。NFV 技术利用 Iaas 和 NaaS 来组建 NFV1。虚拟层可确保 VNF 从硬件资源中解耦，因此该软件可以被部署在不同的物理硬件资源上。VNF 可以在一个或几个虚拟机上部署。针对网络虚拟化技术，虚拟层对网络硬件进行抽象，以此实现虚拟网络路径，这些路径为 VMs 之间或 VNF 实例之间提供连接。目前有一些技术，包括隔离资源的网络抽象层，例如虚拟局域网（Virtual Local Area Network，VLAN）、虚拟专用局域网服务（Virtual Private Lan Service，VPLS）、虚拟可扩展局域网（VXLAN）和使用通用路由封装的网络虚拟化（Virtual eXtensible Local Area Network，VXLAN）等技术能够实现网络的虚拟化。而实现传输网络虚拟化的形式还可能包括网络控制和转发平面的分离，控制平面的集中化，以及利用光的波长等技术隔离传输介质。

2. VNF

VNF 运行在 NFVI 之上。VNF 旨在实现各个电信网络的业务功能，将物理网元映射为虚拟网元 VNF，VNF 所需资源需要分解为虚拟的计算、存储、交换资源。VNF 作为一种软件功能，部署在一个或多个虚机上，并由 NFVI 来承载。虚拟网络嵌入（Virtual Network Embedding，VNE）之间可以采用传统网络定义的信令接口进行信息交互。VNE 的性能和可靠性可通过负载均衡和 HA 等软件措施以及底层基础设施的动态资源调度来解决。

VNF 作为 NFV 架构中的虚拟网络功能单元。可以理解为对电信业务网络中现有物理网元进行功能虚拟化的过程，将以软件模块形式部署在 NFVI 提供的虚拟资源上，从而实现网络功能的虚拟化。VNF 产业链的参与者涉及制造商、运营商和服务提供商等。VNF 制造商负责研发相应的虚拟功能单元，重点关注软件研发；网络运营商则会关注部署和在其网络功能虚拟化设施上运营虚拟网络功能的效率；服务提供商关注的是基于虚拟网络功能提供给终端用户业务的实施性、可靠性以及相关计费方面的问题。值得注意的是，由于不同的 VNF 单元可以来自不同制造商的设备，即使 VNF 层虚拟网元间的交互遵循的是相同的协议和接口标准．但是受 NFVI 层标准化程度的影响。不同虚拟网元对 NFVI 层物理网元的映射方法也往往存在一定差异。要确保 NFV 发挥其最大效能，网络自身需要 VNF 具备动态和可编程能力。SDN 因其可编程和自动配置的能力，完美契合了快速变化的 NFV 应用对网络的需求。因而在 NFV 实际部署中，通常将 SDN 控制器运行于 NFVI 的虚拟机（群）上担任 VNF 的角色。一方面，通过对 NFVI 层虚拟资源的网络虚拟化以处理网络服务（NetworkService，NS）域的网络业务，并可以依据需求动态调整资源配置，例如：在网络业务构建中，一方面可依据实际需求灵活新增 VNF 单元以扩展功能；另一方面，通过对参与该业务的所有 VNF 单元进行统一调度与管理，实现流量的精细化处理。具体而言，可针对流经 VNF 的流量执行按需操作，包括但不限于流量分类、过滤、转发路径规划及速率限制等，从而构建适配业务需求的智能流量处理体系。

3. NFV MANO

NFV MANO 负责对整个 NFVI 资源的管理和编排，业务网络和 NFVI 资源的映射和关联，OSS 业务资源流程的实施等。MANO 内部包括编排管理（Orchestrator）、虚拟化的网络功能管理（VNF Manager，VNFM）和虚拟化的基础设施管理（Virtualized Infrastructure Manager，VIM）3 个实体，分别完成对 NFVI、VNF 和 NS 这 3 个层次的管理。其中，Orchestrator 编排管理 NFV 基础设施和软件资源，在 NFVI 上实现网络服务的业务流程和管理。VNFM 实现 VIF 生命周期管理，如实例化、更新、查询和弹性等。VIM 控制和管理 VNF 与计算、存储和网络资源的交互及虚拟化的功能集。

4. 网元管理系统

网元管理系统（Element Management System，EMS）可以管理 VNF，厂商通常对原网管系统进行扩展，统一管理虚拟化和非虚拟化的网元。通常情况下，EMS 和 VNF 是一一对应的。

5. 运营支撑层

运营支撑层（OSS/BSS），就是目前的 OSS/BSS 系统，需要为虚拟化进行必要的修改和调整。为了适应 NFV 发展趋势，未来的业务支撑系统（Business Support System，BSS）与运营支撑系统（Operation Support Systems，OSS）将进行升级，实现与 VNF Manager 和网元编排管理的互通。

3.3.3 虚拟化和接口

由 3GPP、互联网工程任务组（Internet Engineering Task Force，IETF）和国际电信联盟电信标准分局（ITU Telecommunication Standardization Sector，ITU-T）等规定的网络系统都基于系统工程原则。整个系统中每个组件都被指定为一个功能块，功能块是基于 NFVI 提供的承载功能（Host Function）执行虚拟化的网络功能，功能块之间的连接被指定为接口。系统工程规范的一个基础原则是整个系统由组件和组件间的连接所指定，并且所有组件都是功能模块。传统的功能块架构如图 3-9 所示。

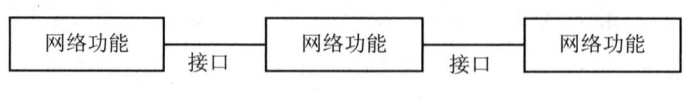

图 3-9 传统的功能块架构

每个功能块都包含了固有属性，其操作是自动化的。功能块的行为取决于功能块的静态传输功能、功能块的动态状态、接口接收到的输入。

如果一个功能块与应相连的功能块断开，此功能块会继续执行并给出输出，但是它会根据零输入的状态执行。

如上所述，NFV 的目的是实现软硬件分离，VNF 基于 NFVI 实现相应的功能。因此，需要设定相关联的接口，实现 VNF 和 NFVI 的分离。图 3-10 给出了图 3-9 中两个功能块被虚拟化的情况，这个过程会引起下述变化：

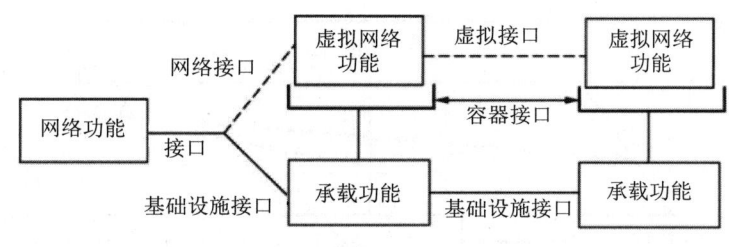

图 3-10　网络功能虚拟化

（1）Host Function 和虚拟网络功能块的分割。

（2）创建 Host Function 与 VNF 之间新容器的接口。

（3）接口划分为基础设施接口和虚拟接口。

（4）非虚拟化网络功能的接口（图 3-9）看起来是均匀、一致的，然而虚拟化网络功能的接口不一致，包括基础设施接口和虚拟接口。

VNF 不能自动化存在而功能块可以自动化存在。VNF 的存在取决于 Host Function，如果 Host Function 中断或者消失，则 VNF 也将中断或消失。同样的，容器接口反映了 VNF 和 Host Function 的依赖存在性。

VNF 与 Host Function 的关系：VNF 可以配置 Host Function；当 VNF 配置 Host Function 时，VNF 可以作为 Host Function 的抽象视图。

NFV 架构的定义不只包括网络功能块及其相关的接口，还包括以下实体：Host Function 及与其相关联的容器接口、基础设施接口；VNF 及与其关联的容器接口、虚拟接口。

图 3-11 中接口类型包括现有的网络功能接口、基础设施接口、容器接口、虚拟接口。其中，现有的网络功能接口由其他标准制定组织所指定。这些组织一直在探究和解决互操作性问题。基础设施接口主要是指 IT 行业中云基础架构的接口，IT 行业也一直在解决与这些接口互操作性相关的问题。容器接口已经被 IT 行业指定在许多应用中，典型的就是 Web 服务。为了支持在多厂商环境下的基础设施组件上运行 VNF，可能需要对这些接口进行扩展，这将会带来更多的互操作性挑战。

3.3.4　网络功能虚拟化后的管理与编排

NFV 的落地依赖于高效的管理与编排体系。在电信运营商网络中，VNF 需支持远程配置与集中管理，这一能力通过"北向接口"（即向上层管理系统开放的接口）实现。NFV MANO

架构通常由多个分布式组件（如 NFVO、VIM 等）构成，尽管其技术实现高度复杂，但仍遵循系统工程的核心方法，通过功能块划分与标准化接口设计，实现各模块的协同工作。网络功能的管理与编排如图 3-11 所示，各网络功能块通过接口和管理与编排模块相连。

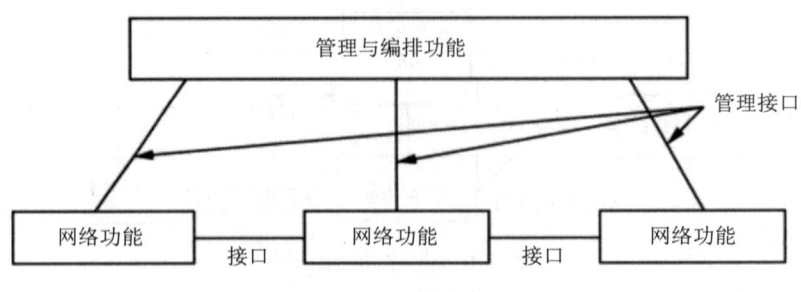

图 3-11 网络功能的管理与编排

NFV 的目标是从基础设施中分离出虚拟网络功能，其中也包括管理。如图 3-12 所示，管理与编排功能可以划分为 NFVI 和 VNF 的管理与编排。在图 3-12 上方，VNF 管理与编排分为对传统网络功能进行管理（非虚拟化），以及通过 M&O/VNF 接口实现对虚拟化网络功能的管理。在图 3-12 底部，基础设施管理与编排功能通过 M&O/NFVI 接口实现对 NFVI 的管理。

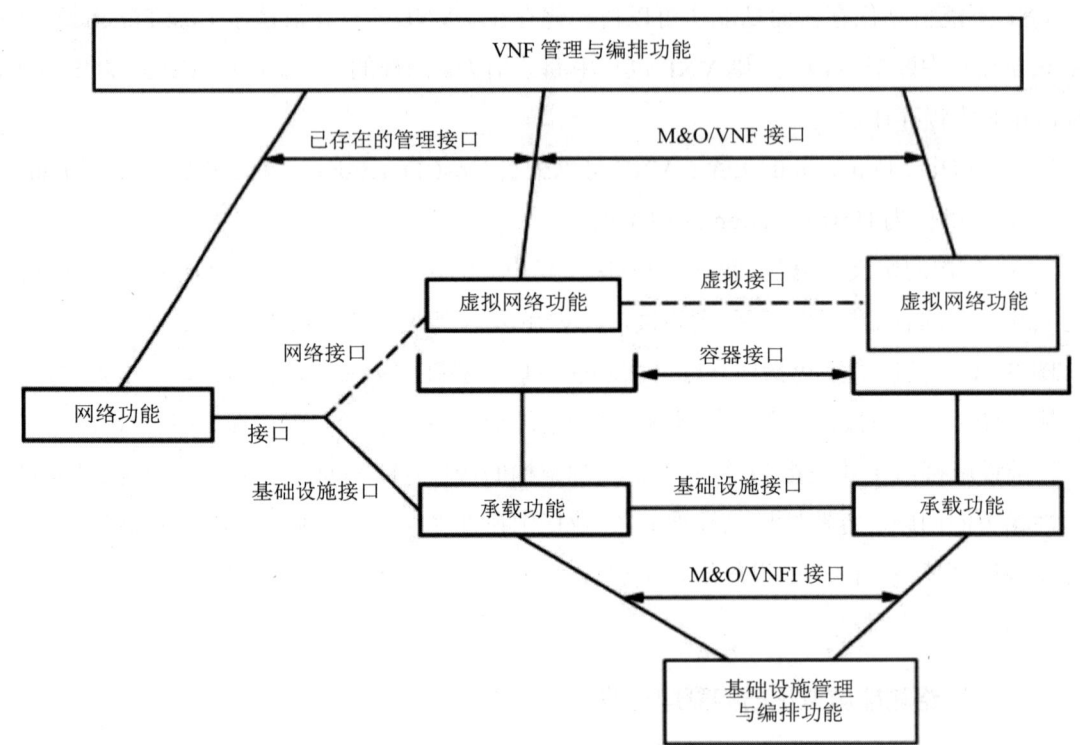

图 3-12 虚拟网络功能的管理与编排

3.4　NFV 的挑战与机遇

NFV 作为一种革命性的技术,为网络架构和服务部署带来了显著的便利,但在实际应用中也面临诸多挑战。同时,NFV 也为行业带来了巨大的市场机遇。以下是 NFV 的主要挑战与机遇。

3.4.1　NFV 的性能挑战

NFV 的性能挑战主要体现在虚拟化环境下网络功能的性能优化和资源管理方面。

1. 资源竞争与隔离

在虚拟化环境中,多个 VNF 共享相同的物理资源(如 CPU、内存、存储和网络带宽),可能导致资源竞争和性能下降。需要有效的资源隔离和调度机制(如 CPU 绑核、内存预留)来确保关键 VNF 的性能。

2. 数据包处理延迟

传统的网络功能通常基于专用硬件(如 ASIC、FPGA),能够实现高速数据包处理。在虚拟化环境中,数据包需要经过虚拟交换机、虚拟机等层,可能导致处理延迟增加。解决方案包括使用数据平面开发套件(Data Plane Development Kit,DPDK)和单根 I/O 虚拟化(Single-Root I/O Virtualization,SR-IOV)等技术优化数据包处理性能。

3. 扩展性与弹性

NFV 需要支持动态扩展和弹性伸缩以应对流量波动和业务需求变化。然而,VNF 的扩展性受限于虚拟化平台的资源分配能力和编排器的效率。

4. 网络功能性能优化

某些网络功能(如加密、深度包检测)对计算资源要求较高,在虚拟化环境中可能难以满足性能需求。需要结合硬件加速技术(如智能网卡、图形处理器)来提升性能。

3.4.2　NFV 的安全挑战

NFV 的安全挑战主要涉及虚拟化环境下的安全威胁和防护机制。

1. 虚拟化层安全

虚拟化层(如 Hypervisor)是 NFV 的核心,如果被攻击,可能导致整个 NFV 基础设施的崩溃。需要加强虚拟化层的安全防护,如加强访问控制、漏洞管理和安全审计。

2. VNF 之间的隔离

多个 VNF 运行在同一物理服务器上,如果隔离不彻底,可能导致 VNF 之间的数据泄露或相互干扰。解决方案包括使用虚拟网络隔离（如 VLAN、VXLAN）和安全组策略。

3. 服务链安全

在虚拟化服务链中，流量需要经过多个 VNF，如果某个 VNF 被攻击，可能导致整个服务链的安全风险。需要加强服务链中每个 VNF 的安全防护，并引入端到端的安全监控机制。

4. 动态环境下的安全管理

NFV 环境具有动态特性（如 VNF 的迁移、扩展），传统的静态安全策略难以适应。需要引入动态安全策略和自动化安全管理工具。

5. 供应链安全

VNF 可能来自不同的供应商，如果某个 VNF 存在安全漏洞，可能影响整个 NFV 架构。需要建立严格的供应链安全管理机制，包括 VNF 的安全认证和漏洞管理。

3.4.3 NFV 的市场机遇

尽管 NFV 面临诸多挑战，但其为电信运营商、云服务提供商和企业用户带来了巨大的市场机遇。

1. 降低运营成本

NFV 通过虚拟化技术减少了对专用硬件的依赖，降低了设备采购和维护成本。运营商可以通过 NFV 实现网络资源的集中管理和自动化运维，进一步降低运营成本。

2. 加速服务创新

NFV 支持快速部署和灵活配置网络功能，使运营商能够快速推出新服务（如 5G 网络切片、边缘计算）。企业用户可以通过 NFV 实现定制化的网络服务，提升业务竞争力。

3. 支持 5G 和边缘计算

5G 网络和边缘计算对网络的灵活性、低延迟和高带宽提出了更高要求。NFV 是实现 5G 网络切片和边缘计算的关键技术，为运营商提供了新的收入来源。

4. 多云和混合云支持

NFV 可以与云计算技术结合，支持多云和混合云环境中的网络功能部署。企业用户可以通过 NFV 实现跨云平台的网络连接和安全防护。

5. 开放生态系统

NFV 推动了网络设备的开放化和标准化，促进了产业链的协作与创新。供应商可以通过提供 VNF、NFV 管理和编排工具等产品开拓新的市场机会。

6. 中小企业市场

NFV 降低了网络功能的部署门槛，使中小企业也能够享受高性能、低成本的网络服务。这为 NFV 服务提供商开辟了新的客户群体。

NFV 在性能、安全等方面面临一定的挑战，但其带来的市场机遇不可忽视。通过技术创新和生态合作，NFV 有望在未来成为网络架构的主流技术，推动行业的数字化转型。

习 题 3

一、选择题

1. 以下属于按照虚拟化实现方法分类的虚拟化技术是（　　）。
   A．全虚拟化技术　　　　　　　　B．软件虚拟化技术
   C．桌面虚拟化技术　　　　　　　D．裸金属架构

2. AWS 的 EC2 服务体现的是哪种虚拟化技术（　　）。
   A．存储虚拟化　　　　　　　　　B．网络虚拟化
   C．服务器虚拟化　　　　　　　　D．桌面虚拟化

3. NFV 架构中，负责虚拟网络功能生命周期管理、资源编排和自动化操作的是（　　）。
   A．NFVI　　　　B．VNF　　　　C．MANO　　　　D．OSS/BSS

4. 以下哪种技术是通过在 CPU 中添加虚拟化指令集来提高虚拟化性能和效率的（　　）。
   A．软件虚拟化　　　　　　　　　B．硬件辅助虚拟化
   C．半虚拟化　　　　　　　　　　D．容器虚拟化

5. NFV 是为了解决什么问题而产生的（　　）。
   A．云计算资源不足　　　　　　　B．传统专用通信设备的不足
   C．网络带宽不够　　　　　　　　D．数据中心管理复杂

6. 以下属于 NFV 接口管理中网络服务 NS 相关接口功能的是（　　）。
   A．VNF 分组管理　　　　　　　　B．NS 生命周期管理
   C．虚拟资源目录管理　　　　　　D．VNF 软件镜像管理

7. 在虚拟化技术分类中，将应用程序及其依赖项打包成一个容器的是（　　）。
   A．全虚拟化技术　　　　　　　　B．半虚拟化技术
   C．容器虚拟化技术　　　　　　　D．平台虚拟化技术

8. 以下哪种虚拟化架构模型直接在物理服务器上运行虚拟机（　　）。
   A．裸金属架构　　　　　　　　　B．寄居架构
   C．混合架构　　　　　　　　　　D．以上都不是

9. NFV 中，常用的 NFVI 虚拟化技术以哪种为代表（　　）。
   A．XEN　　　　B．Hyper-V　　　　C．KVM　　　　D．VMware EXSi

10．以下哪种技术可以突破传统 VLAN 4096 个 ID 的限制，支持大规模多租户网络隔离（　　）。

    A．Geneve　　　　B．VXLAN　　　　C．SR-IOV　　　　D．DPDK

二、填空题

1．虚拟化技术按照虚拟化实现机制分类，可分为全虚拟化技术、半虚拟化技术和_____。

2．AWS 通过_____服务实现存储虚拟化。

3．NFV 架构由网络功能虚拟化基础设施（NFVI）、虚拟化网络功能（VNF）和_____三个部分组成。

4．按照虚拟化应用领域分类，虚拟化技术包括服务器虚拟化技术、存储虚拟化技术、网络虚拟化技术、桌面虚拟化技术、应用程序虚拟化技术和_____。

5．硬件辅助虚拟化常见的技术有 Intel VT-x 和_____等。

6．虚拟化技术的主要目标是简化 IT 资源的表示、访问和管理，并为这些资源提供_____，以减小 IT 基础设施变化对用户的影响。

三、简答题

1．简述虚拟化技术的优势。

2．阐述 NFV 的体系架构及其各部分的主要功能。

3．分析 NFV 面临的安全挑战及相应的解决措施。

第 4 章　网络融合多模态化

学习目标

- 理解多模态通信的定义、特点和关键技术。
- 掌握网络融合的基本概念和技术实现。
- 分析多模态网络的架构设计和性能优化。
- 探讨互融多模态网络的技术趋势、市场前景和创新应用。

案例引导

在智能交通系统领域,一个名为 TrafficGPT 的开创性开源项目正在引起广泛关注。TrafficGPT 是一个结合了大型语言模型和交通模拟的先进工具,它借助 OpenAI 的技术,尤其是 ChatGPT-3.5(图 4-1 为 ChatGPT 的发展史),致力于解决城市交通规划和管理中的复杂问题。通过整合 SUMO 交通仿真器和 PostgreSQL 数据库,TrafficGPT 提供了一种全新的方法来分析和优化城市交通流量。

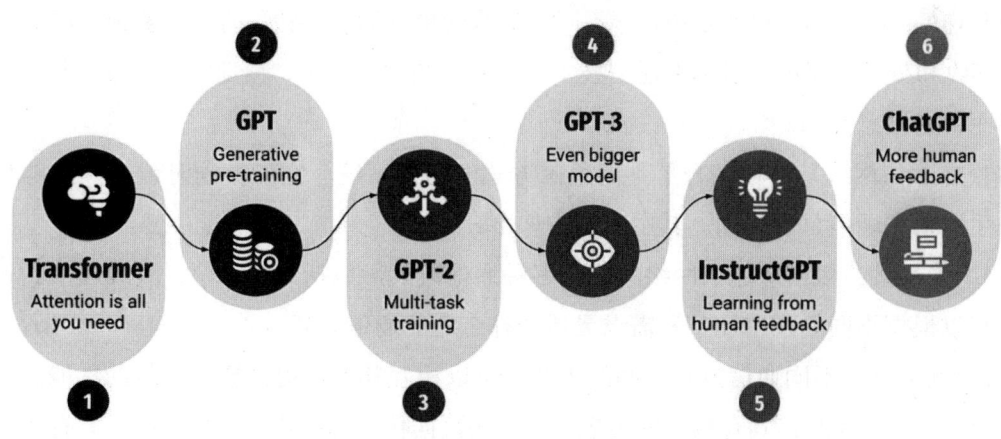

图 4-1　ChatGPT 发展史

TrafficGPT 巧妙地将尖端的人工智能技术与交通工程实践相结合。该项目的核心优势在于其能够通过 Azure ChatOpenAI 或 OpenAI API 与用户进行多轮对话,理解不明确的指令,并在需要时接受人为干预,以便提供专业的交通策略建议。它由 Python 脚本驱动,依赖精心设计的配置文件(config.yaml)和数据库配置(dbconfig.yaml),确保了高度的可定制化和灵活性。

此外，TrafficGPT 通过调用 SUMO 进行仿真和将大量交通数据存储到 PostgreSQL 中，展现了其强大的数据处理和分析能力。

设想一下，城市规划师可以通过自然语言提问，例如提问"如何在高峰时段减少某路段的拥堵？"，TrafficGPT 不仅能够理解这个问题，还能根据当前的交通状况提出改进措施。在紧急事件处理中，它能够迅速模拟不同的疏散计划的效果，辅助决策制定。对于研究人员而言，TrafficGPT 是一个宝贵的工具，用于探索新交通政策的影响，支持构建假设性情境并评估其对整个交通网络的影响。

4.1 多模态通信技术

现代通信技术不断发展，从最初的电话、传真、电报，到后来的手机、互联网、社交网络等，每一种方式的出现都给人们的生活带来了便利。随着移动通信业务的增多和智能设备的普及，人们对于通信手段的要求越来越高。近年来，多模态通信技术成为了热门研究领域，它可以实现不同形式之间的互联，并更加便捷地满足人们的需要。

4.1.1 多模态通信概念与分类

1. 多模态通信技术的概念

多模态通信技术（Multimodal Communication Technology）是指通过多种信号传输方式进行信息传递的一种技术。也就是说，它不同于传统的单一通信手段，而是以多种不同的方式来传递、接收和处理信息的。多模态通信技术将声音、图像、文字、触觉等信息进行整合，实现跨媒体平台的信息互通。

多模态通信网络是一种融合了不同通信方式的通信系统，它能够同时或选择性地利用多种通信手段来实现信息的传输。其主要特点如下：

（1）多样性：多模态通信网络集成了多种通信方式，包括无线通信、有线通信、卫星通信等，可以根据不同的应用场景和需求灵活选择合适的通信方式。

（2）互补性：不同通信方式之间的优缺点可以相互补充，提高整体系统的性能。例如，在覆盖范围上，无线通信具有较好的覆盖能力；在数据传输速率方面，光纤通信具有较高的传输速率。

（3）灵活性：多模态通信网络可以根据实际需要动态调整和切换通信方式，以适应不断变化的应用场景和用户需求。

（4）可靠性：多模态通信网络采用多种通信方式并行工作，当一种通信方式出现问题时，其他通信方式仍可保证数据传输的正常进行，从而提高了整个系统的稳定性和可靠性。

2. 多模态通信的分类

多模态通信依据底层实现原理的差异以及应用场景的多样化，能够划分为三个类别，具体内容如图 4-2 所示。第一类是以多媒体技术为基础的传统多模态通信技术，这类技术主要聚焦于传统计算机通信网络对文本、图像、视频和音频等多种媒体形式的处理与融合，尤其着重于图像和文本的融合研究。第二类是以人机交互为基础的多模态相关通信技术，它打破了传统多媒体多模态通信仅局限于计算机系统内部信息交互的束缚，通过引入"人"这一关键参与者，更出色地满足了用户对于多模态的需求。最后一类是以实现 6G 通感算存一体化为目标的新兴多模态通信技术，其范畴已从单纯的多媒体数据拓展至整个信息通信过程中存在的异构、跨域类型，致力于打造一个跨域的，集泛在感知、综合计算、存储及智能通信于一体的无线网络。

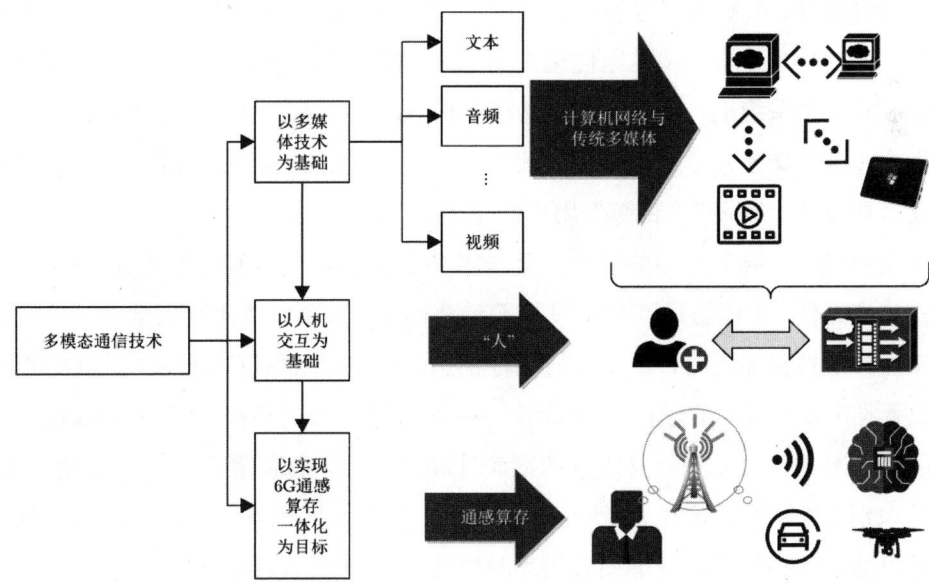

图 4-2　多模态通信分类

（1）以多媒体技术为基础的传统多模态通信技术。传统计算机通信网络需处理文本、图像、视频、音频等多种媒体形式。在现代应用中，这些媒体形式被视为多模态，比如构建多模态情感库时，音频和视觉可作为多模态输入。多模态技术主要研究不同类型数据的融合，尤其是图像和文本融合，神经网络的发展助力多种媒体形式的特征提取与融合，像网站类型判断就可结合文本和图像进行。

这种多模态通信以计算机网络或神经网络为中心，具备信息获取、可视化呈现、分析识别、记录存档和信息交互等功能。在电子参与领域，它促进公众参与公共事务，将文本交流从纸质转移到数字空间。不过，其初期存在跨模态信息丢失问题，可通过多模态信息恢复、配准和对齐技术改善，比如修波（Shearlet）的模态鲁棒描述符（Shearlet-based Modality Robust Descriptor，SMRD）技术能降低信息丢失率。在图像和文本处理方面，分别可用 Neo4j 存储图像数据、基于 VGG19 模型提取图像关键信息，用 Bert 模型筛选提取文本信息，还能运用多模态融合矩阵分解双线性池化检测模型等技术。

（2）以人机交互为基础的多模态相关通信技术。传统的基于多媒体技术的多模态通信受限于自身领域特性，信息交互基本被框定在计算机系统甚至算法的内部范围。一旦涉及人为操作环节，就容易出现跨模态信息丢失的状况，无法充分满足用户对于多模态交互的多元需求。而以人机交互为基础的多模态相关通信技术则创新性地将"人"这一关键角色融入到信息交互的核心流程之中。

随着远程操作在现代社会各个领域的广泛普及，例如在军事领域，士兵-机器人团队借助多种通信方法，实现了流畅自然的信息共享。士兵可以通过语音指令操控机器人执行危险任务，机器人则能通过图像、数据等多模态信息实时反馈任务执行情况。在人机交互应用场景中，利用多模态收集到的信息，能够精准地传递人的需求，极大地拉近了人与人、人与机器之间的联系。比如在智能家居系统里，用户不仅能通过手机 App（文本交互）控制家电设备，还能直接使用语音指令（语音交互），甚至结合手势识别（动作交互）来实现对家居环境更便捷的控制，真正做到让家居设备"听懂""看懂"用户的意图。

在人机交互领域，高效灵活的信息交互技术和多模态联合处理技术是支撑其发展的关键。以虚拟现实仿真为例，多模态反馈信道发挥着重要作用。当操作者通过头戴式显示设备进入虚拟现实场景操控虚拟机器人时，机器人的运行状态、位置信息等可以通过视觉（如机器人的动作画面）和听觉（如机器人的运行声音提示）多模态反馈给操作者，使其能够实时、全面地了解机器人所处状况，从而显著提升服务的准确性和可靠性。触摸界面、语音识别、人体检测、手势识别等识别方法的广泛应用，极大地丰富了机器与人之间的互动形式。在智能车载系统中，驾驶员既可以通过触摸屏幕进行导航设置（触摸交互），也能直接说出目的地（语音交互），系统还能通过人体检测感知驾驶员的疲劳状态，及时发出警示，全方位保障驾驶安全与便捷。

（3）以 6G 通感算存一体化为目标的新兴多模态通信技术。6G 通感算存一体化中的新兴多模态通信技术是一种具有前瞻性的技术范式。在 6G 的愿景下，通信不再局限于传统的数据传输。通感算存一体化意味着将通信（Communication）、感知（Sensing）、计算（Computing）和存储（Storage）这四个功能深度融合。多模态通信技术在这样的背景下应运而生。它旨在综合利用多种通信模态，例如不同频段（从毫米波到太赫兹频段等）、不同调制方式以及多种传输协议等，以适应多样化的应用场景需求。这种技术的发展是为了满足未来超高速、超低延迟、超高可靠性的通信要求，像智能交通系统中对车辆间高速且精准的通信需求，以及大规模物联网设备之间复杂的信息交互需求等。

在频谱利用方面，多模态的融合使得资源调配更加灵活，能够有效提高频谱利用率，减少频谱资源的浪费。从可靠性角度来看，当某一种通信模态遭遇干扰或出现故障时，系统可迅速切换至其他模态，确保通信的连续性与稳定性。在应用前景上，它为智能城市的建设提供了关键技术支撑。例如，在城市基础设施的监测方面，多模态通信技术可以利用不同模态的特性，精准感知建筑物、桥梁等的状态并快速传输数据进行分析和存储。在工业互联网领域，多模态通信可以满足不同工业设备间复杂的通信需求，实现工业流程的高效控制和智能化管理，助力工业 4.0 及更高层次的工业发展进程。

4.1.2 多模态通信的关键技术

多模态通信的关键实现技术按通信系统执行流程，可分为多模态信息发送端处理、多模态信息传输技术以及多模态信息接收端处理三个方面，多模态通信系统执行流程如图 4-3 所示。

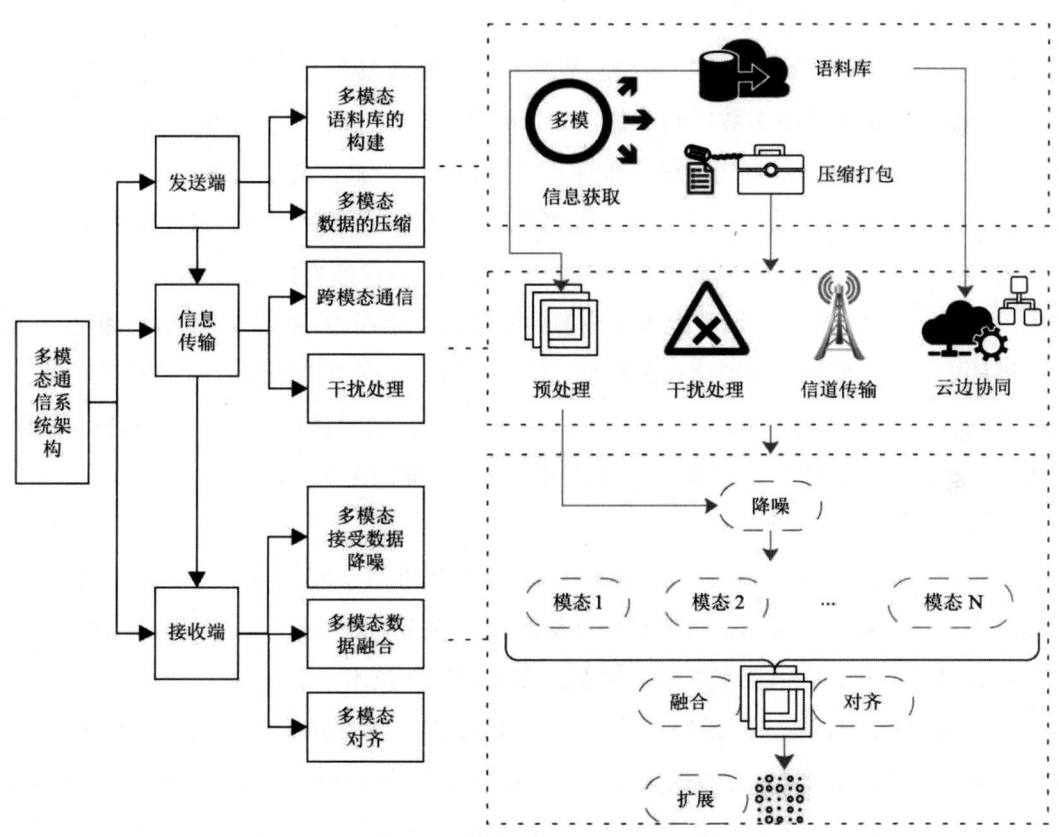

图 4-3 多模态通信系统执行流程

1. 多模态信息发送端处理

在多模态通信系统中，发送端处理是多模态数据传输的核心环节，主要负责多模态数据的采集、整合、压缩和传输。发送端处理的质量直接影响多模态通信的效率、可靠性和用户体验。其关键技术包括多模态语料库的构建和多模态数据的压缩处理，这些技术为多模态通信的实现提供了重要支持。

（1）多模态语料库的构建。多模态语料库的构建是多模态信息处理的基础工作。它需要整合来自不同模态的数据，如文本、图像、音频、视频等。首先，要确定语料的来源，这些来源可以涵盖新闻媒体、社交媒体、影视资料、学术文献等多个领域，以保证语料的多样性和代表性。例如，从新闻视频中提取视频画面作为图像模态，提取旁白作为音频模态，提取新闻文字报道作为文本模态。

在数据收集完成后，需进行严格的数据清洗工作。去除重复、错误以及不相关的数据，保证语料库的质量。接着，对不同模态的数据进行标注，标注内容包括语义信息、情感倾向、实体关系等。比如对于图像模态，标注出图像中的物体类别、位置等；对于文本模态，标注词性、命名实体等。这样的标注方便后续的多模态数据融合与分析，为多模态通信中的信息理解和交互提供有力支撑。

（2）多模态数据的压缩处理。多模态数据的压缩处理在多模态信息发送端起着不可或缺的作用。一方面，由于多模态数据通常包含大量的信息，如高清图像、长视频等，其数据量往往非常庞大。在发送这些数据之前进行压缩，可以有效减少数据传输所需的带宽和存储空间。例如，对于高清视频流，采用合适的视频压缩算法（如 H.265 等），能够保证视频质量在可接受范围内的同时，大大减小视频文件的大小。另一方面，多模态数据的压缩需要考虑不同模态之间的关联性。因为多模态数据中的各个模态并不是孤立存在的，而是相互关联、相互补充的。在压缩过程中，要尽可能地保留这种关联性，以便在接收端能够准确地还原多模态信息。例如在对包含图像和文本描述的多模态数据进行压缩时，不仅要对图像和文本分别进行有效的压缩，还要保证在解压后图像和文本之间的对应关系仍然准确无误。

2. 多模态信息传输技术

在多模态通信系统里，当接收端妥善处理完不同模态所获取的数据后，如何高效、稳定地传输这些多模态数据便成为了决定整个通信系统性能的关键所在。这一环节涉及两大核心技术板块，分别是跨模态通信技术以及多模态传输干扰处理技术。

（1）跨模态通信技术。跨模态通信技术作为现代通信领域的前沿探索方向，深度关联着文本、图像、音频、视频等多种数据模态。其核心要义在于破除不同模态数据之间存在的天然屏障，实现全方位、深层次的信息交互与融合，进而为通信领域开拓出更为广阔的应用空间，挖掘出无限的潜力。如图 4-4 所示的跨模态通信技术关键架构，涵盖了以下几个关键部分：

1）跨模态语义通信。跨模态语义通信是跨模态通信技术的一个重要方面，它主要关注如何在不同模态之间进行语义层面的信息交互与转换。例如，将图像中的语义信息转换为文本描述，或者将语音中的语义内容转换为可视化的图像表示。这需要解决语义理解、语义表示和语义转换等关键问题，以确保不同模态之间的语义一致性和准确性。

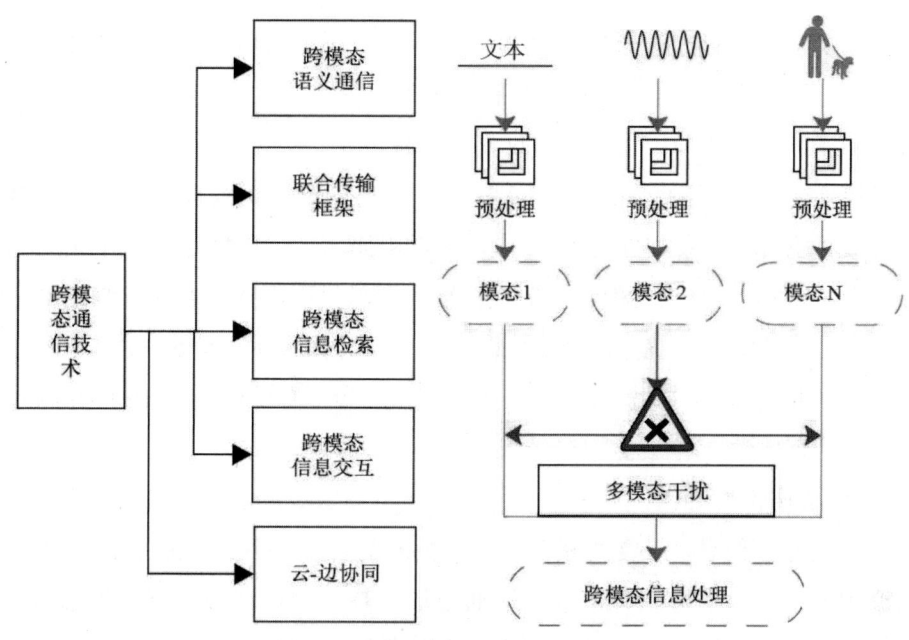

图 4-4 跨模态通信技术的关键架构

2）联合传输框架。联合传输框架是实现跨模态通信的基础，它涉及将不同模态的数据进行整合和传输。例如，在多媒体通信中，需要将音频和视频数据进行同步传输，以保证接收端能够正确地还原出多媒体内容。联合传输框架需要考虑不同模态数据的特点和传输要求，采用合适的编码、调制和传输技术，以提高传输效率和可靠性。

3）跨模态信息检索。跨模态信息检索是指在不同模态的数据中进行信息搜索和提取。例如，在图像和文本数据库中，通过输入文本描述来检索相关的图像，或者通过输入图像来检索相关的文本信息。这需要建立跨模态的索引和检索机制，能够有效地处理不同模态数据之间的语义关联和特征匹配。

4）跨模态信息交互。跨模态信息交互是指在不同模态之间进行信息的交流和互动。例如，在虚拟现实和增强现实应用中，用户可以通过语音指令与虚拟环境中的物体进行交互，或者通过手势动作来控制多媒体内容的播放。跨模态信息交互需要实现不同模态之间的信息转换和融合，以及用户与系统之间的自然交互方式。

5）云-边协同。云-边协同是指在云计算和边缘计算之间进行协同工作，以支持跨模态通信技术的实现。云计算提供强大的计算和存储资源，能够处理大规模的跨模态数据；边缘计算则能够在本地进行数据处理和分析，减少数据传输延迟和带宽消耗。云-边协同可以实现跨模态通信系统的高效运行和优化，提高系统的性能和用户体验。

（2）多模态传输干扰处理技术。多模态通信传输时，干扰难以避免。基于多模态信息协同的干扰处理技术能整合跨域模态资源、媒介和信息，让它们协同合作，更全面、有针对性地助力特定任务完成,也可看作是跨模态通信的一种具体形式。但实际应用中,它面临两大挑战:一是有效性,要提升信息协同效率,防止信息传输和处理卡顿;二是可靠性,需精准处理跨模态干扰,保证多模态数据准确传输并被接收端正确解析。

对无人机等通信系统而言,深入研究多模态信息协同和干扰处理技术十分必要。多模态数据在同一通信环境传输时会相互干扰,比如音频和图像信号因频率相近或传输路径重叠,会导致音频有杂音、图像出现噪点。构建多信道传输模型能呈现不同模态在三维运动空间的干扰域和可行域,帮助系统避开干扰、选择最优路径。来源分离技术可分离干扰信号和所需信号,保证接收信号纯净准确。此外,在多模态通信各环节运用专业算法能实现干扰消除和目标定位,提升通信可靠性和有效性。

3. 多模态信息接收端处理

面对接收到的海量信息,需要处理来自不同模态的信息并且确保它们在时间和空间上的同步性,以提供一致的体验。此外,接收端通常还应具备解析和理解不同模态内容的能力,例如多模态识别、语义理解等,进而更好地为终端用户提供更丰富、交互性更强、友好的智能网联体验。因此,接收端应不仅能进行数据处理,还需要进一步提升通信质量,接收端使用技术如图 4-5 所示。

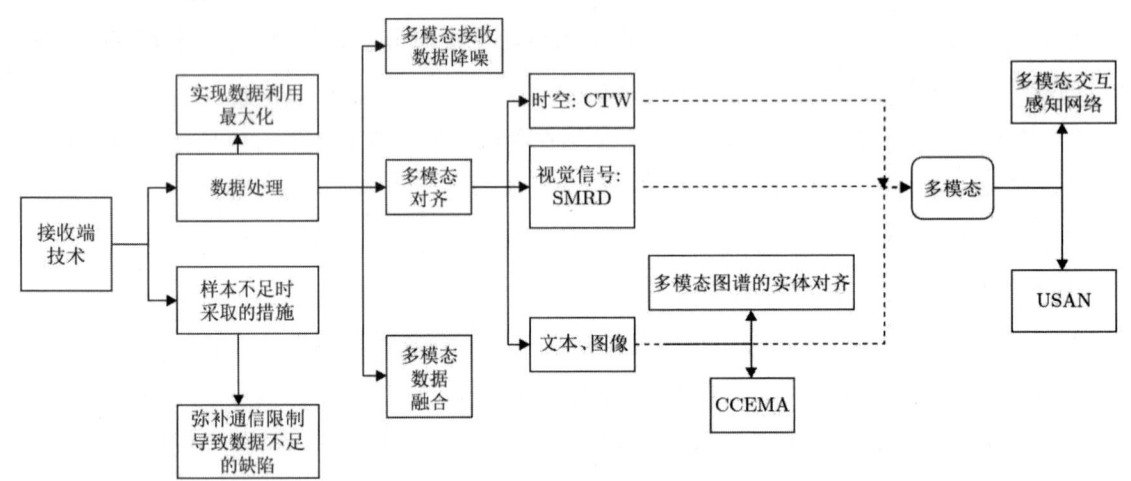

图 4-5　多模态通信接收端技术

(1) 多模态接收数据降噪。多模态信息易受干扰和噪声影响,需降噪提升数据质量。不同模态噪声源不同,要匹配最佳方法并个性化处理。如语音识别等快速响应应用,去噪可减少处理延时。图像模态可用滤波、DRDU-Net 算法去噪,彩色图像可通过转换假四通道重建降噪。信号、图像、音频常用小波变换阈值去噪,结合领域知识完善深度学习和神经网络方法处理复杂噪声,未定义异常信号采用大数据分析去噪。降噪在智能管理、无人驾驶等领域作用大,应用该技术可减少干扰误差,提高传感器数据质量和决策准确性、安全性。

（2）多模态对齐。多模态对齐是整合不同感知模态数据的技术，通过发现对应关系提升智能系统环境感知能力，在智慧城市等领域意义重大。不同模态信息类型不同，对齐可得到更全面的数据。多模态对齐是通过技术手段让不同形态的信息（比如文字、图片、声音、时间数据、监控画面等，这些不同形态的信息被称为"多模态"）之间建立对应关系，消除它们在表现形式、特征或语义上的差异和隔阂。简单说，就是让"说的话""拍的图""记的时间""录的声音"等不同类型的信息能"相互理解""彼此关联"，从而帮助智能系统（如手机、机器人、城市管理系统等）更全面、准确地理解场景或内容。

（3）多模态数据融合。多模态数据融合，是指将多种不同类型的数据（比如文字、图片、声音、时间序列、监控视频、传感器数据等，即"多模态数据"）通过技术手段进行整合、处理和关联的一系列方法。

其核心是解决单一模态数据的局限性（比如图片只能提供视觉信息，文字只能表达抽象语义），通过挖掘不同模态数据间的内在联系，将它们的信息互补结合，形成更全面、更丰富的综合信息。这些方法既包括对数据的预处理（如统一格式、消除差异），也包括特征层面的整合（如将图像特征与文本特征合并为统一特征向量），最终目的是让智能系统（如 AI 模型、决策系统）能基于整合后的信息做出更精准的判断或决策。

简单说，就像人同时用眼睛看、耳朵听、大脑思考来理解一件事，多模态数据融合方法就是让机器"综合利用多种信息源"，从而看得更全、理解得更深。

4.1.3 多模态通信的应用场景

1. 智能家居：开启智慧生活新范式

在智能家居领域，多模态通信技术正成为构建智能生活场景的核心驱动力。它融合语音识别、手势识别、图像识别等多元交互模态，让原本孤立的家居设备摇身一变，成为能与用户自然交互的智能伙伴，彻底重塑了人们与家居环境的互动模式。如图 4-6 所示，在这样一个智能家居场景中，各类设备协同运作，展现出科技与生活完美融合的魅力。当用户拖着疲惫的身躯回到家中，只需轻声发出指令："打开客厅灯光和空调"，智能音箱便能精准捕捉这一语音信息。借助强大的多模态通信技术，音箱迅速将指令转化为设备可识别的信号，精准传达至灯光和空调设备，瞬间营造出舒适惬意的居家氛围。智能家居不仅在语音交互上表现出色，在远程控制方面同样便捷高效。用户通过手机 App 上简洁直观的图形界面，无论身处何地，都能轻松远程操控家中的电器设备，实现对家居环境的远程调控，让家时刻符合自己的心意。在安全防护层面，智能家居中的摄像头、各类传感器等设备犹如忠诚的卫士。它们时刻保持警觉，实时采集图像和环境数据。一旦检测到异常情况，如陌生人闯入或家中发生火灾，系统便会立即启动应急机制，迅速将相关图像和警报信息发送至用户手机，为家居安全提供全方位、无死角的坚实守护，让用户安心无忧。

图 4-6　智能家居

2. 医疗领域：重塑医疗服务新生态

在医疗领域，多模态通信技术正发挥着不可替代的作用，极大地推动了医疗服务的变革与发展。在疾病诊断过程中，医生不再依赖单一的检查报告，而是借助多模态通信技术，将患者的病历信息、医学影像（如 X 光、CT、MRI 等）、实时监测的生命体征数据以及患者的症状描述等多模态信息进行整合分析。例如，在远程医疗场景下，身处偏远地区的患者通过视频设备与大城市的医学专家进行"面对面"交流，专家不仅能直观地观察患者的状态，还能同步获取患者上传的各项检查资料，从而做出更为准确的诊断。此外，多模态通信技术还促进了医疗协同，不同科室的医生可以在同一平台上共享患者的多模态医疗信息，打破信息壁垒，实现高效的联合诊疗，为患者提供更全面、更优质的医疗服务。

3. 教育领域：引领教育创新变革之路

在教育领域，多模态通信技术为传统教学方式带来了颠覆性的改变，助力重构教育生态。一方面，多模态通信技术丰富了教学资源的呈现形式，教师可以将知识以文字、图片、音频、视频等多种模态融合的方式展现给学生，使教学内容更加生动形象、易于理解。例如，在历史课上，教师通过播放历史纪录片、展示历史文物图片、结合文字讲解等多模态手段，让学生仿佛穿越时空，亲身感受历史的魅力。另一方面，多模态交互技术为学生提供了更加个性化的学习体验。智能教学系统可以根据学生的学习情况和反馈，通过语音提示、文本解答、图像演示等多种方式，为学生提供针对性的辅导。比如，在数学学习中，当学生遇到难题时，系统能以动画演示解题步骤，并配合语音讲解，帮助学生突破学习难点。此外，多模态通信技术还打破了教育的时空限制，在线教育平台让学生随时随地都能获取优质的教育资源，真正实现了教育公平与高效。

4.2 网络融合技术

在数字化时代，网络已经渗透到生活的方方面面，网络融合技术是推动网络发展迈向新高度的重要力量。传统网络往往各自为政，不同网络之间存在着地域、协议和技术等多方面的差异，如同一个个孤立的信息孤岛。而网络融合打破了这种孤立状态，让各类网络跨越重重障碍，实现无缝对接与协作。以日常生活中的智能家居为例，物联网、互联网和移动通信网络的融合，使得人们可以通过手机等移动终端轻松地控制家中的智能设备，比如远程开启空调、调节灯光亮度等。在工业领域，工业生产中的传感器数据，也能借助移动通信网络传输到远程监控中心，实现生产过程的实时监测与管理。这种融合极大地提升了网络的整体性能和覆盖范围，为各类创新应用和服务筑牢了网络根基，让人们的生活和工作变得更加智能、便捷。

4.2.1 网络融合的基本概念

1. 网络融合的定义

网络融合是指将不同类型的网络基础设施、通信技术以及业务服务进行深度整合与交互连接，从而构建出一个统一、高效且极具灵活性的网络体系。在这一融合过程中，不同类型的网络突破彼此之间的界限，实现互联互通，让用户能够便捷地访问各类资源与服务，极大地拓展了网络的应用范畴和服务能力。

从融合的维度来看，网络融合绝非仅仅局限于物理层面的设备简单拼接，而是涵盖了协议层面的相互适配以及业务层面的深度融合。在协议层面，它让不同网络所采用的各类通信协议能够相互理解、协同工作，如同为不同语言的交流搭建起沟通的桥梁；在业务层面，它打破业务之间的壁垒，实现业务的无缝衔接与协同发展，为用户提供一站式、多元化的服务体验。本质上，网络融合是指借助先进的技术手段，达成不同类型网络、服务和资源的统一管理、统一调度以及统一分配。通过这样的方式，不仅实现了资源的高效共享和业务的深度集成，还显著提升了整体网络的性能表现，降低了运营成本，为网络的发展注入了新的活力，推动其向更智能、更便捷、更具创新性的方向迈进。

2. 网络融合的特点

数字化浪潮奔涌向前的当下，网络融合已成为推动网络技术发展的关键力量。它如同一只无形却有力的大手，重塑着网络世界的格局。图 4-7 展示了网络融合所呈现出的四大显著特点，即资源共享、业务协同、技术整合以及统一管理。这些特点相互交织、相辅相成，共同构建起网络融合的坚实架构，为各行各业的数字化转型注入了强大动力，也为我们的生活和工作带来了前所未有的便捷与高效。

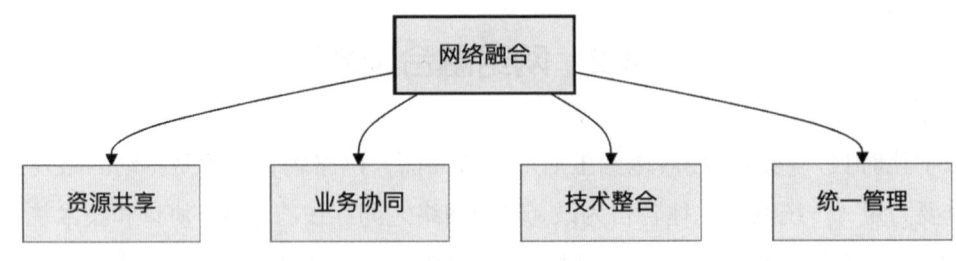

图 4-7　网络融合的特点

（1）资源共享。在网络融合的大框架下，各类网络资源，如带宽、存储、计算能力等，都能打破原有网络的界限，被纳入统一的管理体系。通过智能化的资源分配策略，不同网络中的资源得以高效调配，避免了资源闲置与浪费。以云计算数据中心为例，融合网络能够将多个地区的数据存储资源整合，根据不同用户的需求灵活分配存储空间，极大地提高了存储资源的利用率，让每一份资源都能物尽其用。

（2）业务协同。网络融合促使不同类型的网络业务实现深度协同。以往，语音通信、数据传输、视频服务等业务分属不同网络，相互独立运行。如今，借助网络融合技术，这些业务能够有机结合，实现无缝对接。例如，在智能客服场景中，用户既能通过语音与客服人员交流，又能实时共享文字资料、图片等，客服人员也能根据用户需求随时推送相关视频内容，为用户提供全方位、高效的服务体验。

（3）技术整合。网络融合是一场技术的深度融合盛宴，它将不同类型的网络技术，如光纤通信技术、无线通信技术、网络安全技术等，进行有机整合。通过构建集中化的管理平台，实现对网络功能的统一调度与灵活配置。比如，在 5G 网络与物联网融合过程中，将 5G 的高速率、低时延技术与物联网的传感器技术相结合，实现对工业生产设备的实时监控与远程操控，极大地拓展了网络的应用场景和功能。

（4）统一管理。依托统一的管理平台，网络融合实现了对不同类型网络设备、资源以及业务的全方位统一管理。以往，管理不同网络需要各自独立的运维团队和复杂的管理流程，如今，通过网络融合，所有网络元素都能在一个平台上进行集中监控与管理。这不仅大幅降低了管理成本，还简化了运维流程，提高了管理效率。例如，大型企业的网络架构往往包含多种类型的网络，通过网络融合和统一管理平台，企业的网络运维人员能够轻松应对各类网络问题，快速进行故障排查与修复，保障企业网络的稳定运行。

4.2.2 网络融合的技术实现

网络融合的技术实现是指通过多种技术和协议，将不同类型的网络（如无线网络、有线网络、卫星网络等）进行深度融合，实现资源共享、高效协同和智能化管理。网络融合的目标是构建一个统一、灵活、可靠的通信基础设施，以支持多样化的应用场景和用户需求，以下是网络融合的主要技术实现方式。

（1）协议转换技术。不同的网络就像说着不同语言的个体，想要实现顺畅交流，就需要"翻译"，这便是协议转换技术的作用。它是网络融合的关键技术之一。在物联网与互联网融合的场景中，物联网设备常用的低功耗、短距离通信协议，如 ZigBee、蓝牙等，和互联网通用的 TCP/IP 协议"语言不通"。协议转换技术就负责将这些协议"翻译"成 TCP/IP 协议，如此一来，物联网设备就能顺利接入互联网，实现数据的远程传输与交互，让物联网设备真正融入互联网的大家庭。

（2）网关技术。网关是连接不同网络的关键枢纽，犹如交通枢纽一样，承担着数据的转发和处理重任。它能够对来自不同网络的数据进行解析、转换和适配，确保数据在不同网络之间准确无误地传输。在工业网络与互联网融合时，工业网关的作用尤为重要。它可以将工业现场总线，像 Modbus、Profibus 等的数据，转换为适合互联网传输的格式，同时还能进行安全防护和数据管理，保障工业数据在互联网传输过程中的安全与稳定。

（3）SDN 技术。SDN 技术是网络领域的一项创新性技术，它打破了传统网络控制平面与数据平面紧密耦合的模式，将二者分离开来，实现了对网络的集中化管理和灵活配置。在网络融合的复杂场景下，SDN 技术能够根据不同网络的实时需求和流量状况，动态调整网络资源的分配，从而优化网络性能。以云计算数据中心网络与广域网的融合为例，SDN 可以智能地在众多网络路径中选择最优路径，让数据能够快速、高效地传输，大大提升了云计算服务的响应速度和稳定性。

（4）NFV。NFV 技术开启了网络功能部署的全新模式，它摒弃了传统网络功能依赖专用硬件设备的做法，将网络功能进行虚拟化处理。这意味着原本需要特定硬件才能实现的网络功能，如防火墙、路由器等，现在可以在通用服务器上轻松部署。通过这种方式，不同网络功能能够共享通用服务器资源，实现了资源的高效共享。同时，当业务量出现波动时，可根据需求灵活增加或减少虚拟网络功能实例，实现服务的弹性扩展。在云计算数据中心，NFV 技术使得多种网络服务能够在同一套硬件设施上灵活运行，为网络融合中的资源共享和技术整合提供了有力支撑。

4.2.3 网络融合的应用

在数字化进程高歌猛进的时代，网络不再仅仅是信息传输的通道，更成为驱动各领域创新发展的核心引擎。网络融合作为网络技术迭代升级的关键方向，正以雷霆万钧之势，重塑着不同领域的运行模式与发展格局。从企业内部的高效协作，到运营商的服务升级，再到公共服务领域的便民变革，网络融合的身影无处不在，为各行各业带来了前所未有的发展机遇与变革力量。它犹如一把神奇的钥匙，打开了不同网络之间的隔阂之门，让资源、业务、技术实现深度融合与协同创新。下面从企业、运营商、公共服务三个主体出发，详细阐述网络融合在不同场景下的应用。

1. 企业网络融合

在当今数字化转型的浪潮中，企业对网络的需求日益复杂和多元化。企业网络融合旨在打破企业内部有线网络、无线网络、数据中心网络等不同类型网络之间的壁垒，实现全面融合。这一融合带来了诸多显著优势，首先是网络资源利用率的大幅提升。以往，企业内部不同网络各自为政，资源分配缺乏灵活性，经常出现部分网络资源闲置，而部分网络资源紧张的情况。通过网络融合，所有网络资源被纳入统一管理体系，依据实际业务需求进行智能化调配。例如，在企业举办大型线上会议时，融合网络能够迅速将更多带宽资源分配给无线网络，确保参会人员在会议室的各个角落都能流畅地接入会议，避免因网络卡顿影响会议进程。同时，网络运维成本也得到有效降低，原本需要分别维护不同类型网络的多个运维团队，现在可以整合为一个团队，通过统一的管理平台对整个企业网络进行监控和维护，大大简化了运维流程。

在技术实现层面，SDN 和 NFV 技术发挥着关键作用。SDN 技术将网络的控制平面与数据平面分离，实现了对网络流量的集中化、智能化控制。企业可以根据业务优先级灵活调整网络流量的分配。比如，当企业核心业务系统面临大量数据传输需求时，SDN 能够优先保障该业务的网络带宽，确保系统稳定运行。NFV 技术则将网络功能从专用硬件设备中解放出来，以软件形式在通用服务器上运行。这使得企业能够根据业务量的波动，灵活增减网络功能实例，实现业务调度的高度灵活性。例如，在电商企业的促销活动期间，可以动态增加负载均衡器的实例数量，应对激增的网络访问量。此外，云计算和大数据分析技术也为企业网络融合提供了强大助力。云计算为企业提供了海量的存储和计算资源，企业数据可以安全、高效地存储在云端，随时随地可供调用。大数据分析技术则能够对企业积累的海量数据进行深度挖掘和分析，为企业决策提供有力支持。比如，通过分析客户购买行为数据，企业可以精准把握市场需求，优化产品研发和营销策略，实现决策的智能化和精准化。

2. 运营商网络融合

对于运营商而言，网络融合是提升竞争力、优化用户体验的关键举措。通过网络融合技术，运营商能够将固定网络、移动网络、互联网等多种网络资源进行统一管理和调度。在网络性能方面，借助 SDN 和 NFV 技术，运营商可以实现网络流量的动态调整和传输路径的灵活切换。当某一区域的移动网络流量突然增大时，SDN 技术能够迅速感知并将部分流量智能引导至固定网络，实现网络资源的合理利用，避免网络拥塞，提高网络的可靠性和带宽利用率。例如，在举办大型体育赛事或演唱会等人员密集活动时，现场的移动网络流量会呈爆发式增长，通过 SDN 和 NFV 技术的协同作用，运营商可以确保观众的网络体验不受影响，无论是直播赛事、分享照片还是进行视频通话，都能保持流畅。

在业务拓展方面，物联网技术为运营商带来了新的机遇。通过物联网技术，运营商能够实现智能家居、智能健康等业务的跨网络接入和跨终端管理。以智能家居为例，用户家中的智能设备，如智能门锁、智能摄像头、智能家电等，既可以通过移动网络与用户的手机进行连接，也可以通过固定网络实现远程控制。运营商通过搭建统一的物联网管理平台，对这些设备进行集中管理，为用户提供智能化的综合服务。用户可以通过手机应用程序，随时随地控制家中的智能设备，查看设备状态，实现更加便捷、舒适的生活体验。同时，在智能健康领域，运营商可以整合医疗设备数据，通过网络将用户的健康数据传输给医疗机构，实现远程医疗监测和诊断，为用户提供全方位的健康服务。

3. 公共服务网络融合

在公共服务领域，网络融合技术的应用能够实现不同类型网络资源的共享和协同，为民众提供更加高效、便捷的公共服务。以政府部门为例，借助网络融合技术，政务数据和公共服务资源得以统一整合和管理。以往，政府各部门之间的数据往往相互独立，形成了一个个"数据孤岛"，导致信息流通不畅，政务服务效率低下。通过网络融合，建立统一的政务数据平台，各部门的数据能够实现互联互通，共享共用。例如，民众在办理行政审批事项时，原本需要在多个部门之间来回奔波，提交重复的材料，现在通过政务数据共享，各部门可以实时获取相关信息，实现一站式办理，大大提高了政务服务的便民化程度。同时，大数据分析技术的应用还能对政务数据进行深度分析，为政府决策提供科学依据，推动政务服务向智能化方向发展。

在医疗、教育、交通等公共服务领域，云计算、物联网、人工智能与大数据技术相互融合（图 4-8），共同发挥着至关重要的作用。在医疗领域，云计算存储和处理海量医疗数据；物联网实现医疗设备互联互通。偏远地区患者能借助远程医疗设备，把生理指标、医学影像等数据传给大城市专家；人工智能通过深度学习辅助远程诊断；大数据挖掘分析患者过往病史等，助力专家制订个性化治疗方案，实现优质医疗资源跨区域共享。在教育领域，云计算搭建在线教育平台，学生可随时随地获取优质教育资源。在线直播课程方便学生与名师互动答疑；人工智能依据学生学习行为数据定制学习路径、推荐内容；大数据整合教育资源，帮助教师调整教学策略，提升教学质量。在交通领域，物联网让交通设施智能化，传感器收集交通数据；云计算存储和处理这些数据；人工智能实时分析预测交通数据，智能调控交通信号灯，提高通行效率；大数据挖掘交通流量规律趋势，为城市交通规划管理提供依据，优化公交线路和交通枢纽设置，缓解拥堵，方便民众出行。

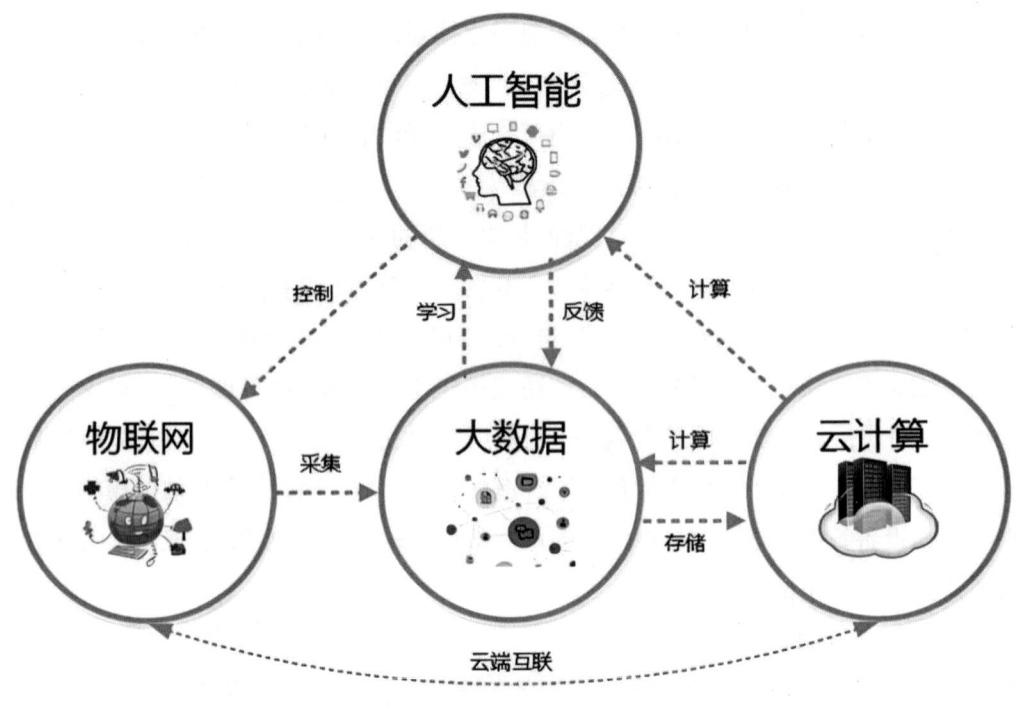

图 4-8 云物智数技术协作关系示意图

4.3 多模态网络的实现与优化

4.3.1 多模态网络的架构设计

构建高效多模态信息处理系统的基石是多模态网络架构设计。其核心目标在于把文本、图像、语音、视频等多种数据模态有机融合，达成数据的快速传输与协同处理，从而满足愈发复杂的应用需求。多模态网络架构包含感知层、融合层和应用层三个重要方面，如图 4-9 所示。

感知层作为多模态数据的入口，承担着数据采集的重任。在实际应用场景中，不同类型的传感器各司其职。例如在智能安防领域，高清摄像头负责捕捉监控区域内的图像和视频数据，为后续的目标识别、行为分析提供原始素材；麦克风阵列则专注于收集环境声音，可用于检测异常声响，如枪声、玻璃破碎声等，实现对潜在危险的预警。在智能家居场景中，智能音箱内置的麦克风用于接收用户的语音指令，如"打开客厅灯光""播放音乐"等；各类环境传感器，如温度传感器、湿度传感器等，以文本数据的形式实时反馈家居环境状态，为实现智能环境调控提供依据。这些原始数据在感知层经过初步的降噪、滤波等预处理后，被有序传输至融合层。

第 4 章 网络融合多模态化

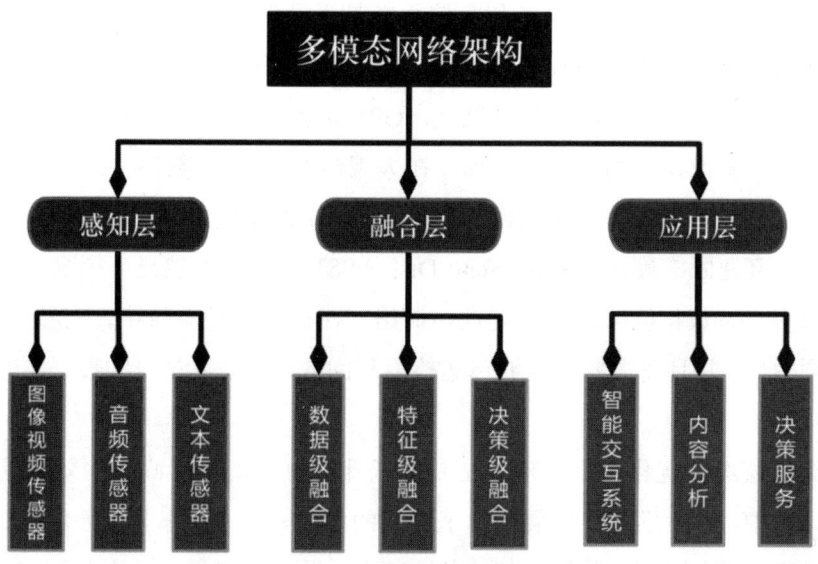

图 4-9 多模态网络架构

融合层是多模态网络的核心枢纽，它运用多种融合策略，深度挖掘不同模态数据间的关联信息。数据级融合是最直接的融合方式，它在原始数据层面将不同模态的数据进行合并。例如在自动驾驶场景中，激光雷达获取的点云数据和摄像头拍摄的图像数据，在数据级进行融合，为车辆的环境感知提供更全面、准确的信息，有助于提高目标检测和识别的精度。特征级融合则是先提取各模态数据的特征，再进行融合。以人脸识别系统为例，通过卷积神经网络提取图像的视觉特征，同时利用语音识别技术提取语音中的声纹特征，将两者融合后，能够显著提升身份识别的准确率和可靠性。决策级融合是在各模态数据独立处理并做出决策后，对这些决策结果进行综合。在智能医疗诊断中，医生可能会参考医学影像（如 X 光、CT 等）的诊断结果，结合患者的病历文本信息以及问诊过程中的语音反馈，最终做出全面、准确的诊断决策。

应用层基于融合后的多模态数据，为用户提供丰富多样的服务。在智能交互领域，多模态语音助手能够同时理解用户的语音指令和手势动作，实现更加自然、高效的人机交互。例如，用户在与智能车载系统交互时，既可以通过语音说出目的地，也可以通过手势在屏幕上圈选地点，系统能够综合两种模态的信息，快速规划最优路线。在内容分析方面，社交媒体平台可以利用多模态网络技术，对用户发布的图文、视频等内容进行深度分析，理解用户的情感倾向、兴趣爱好等，从而实现精准的内容推荐和个性化服务。

4.3.2 多模态网络的性能优化

多模态网络的性能优化对于保障系统的高效稳定运行起着决定性作用，它涵盖了硬件、软件算法以及网络传输协议等多个关键层面。

在硬件方面，高性能的计算设备和存储系统是提升多模态数据处理能力的基础。图形处理单元（Graphics Processing Unit，GPU）凭借其强大的并行计算能力，成为加速图像和视频数据处理的利器。在人工智能图像识别领域，GPU能够快速完成卷积运算、特征提取等复杂任务，大大缩短了图像识别的时间。例如，在大规模的图像分类任务中，使用GPU加速的深度学习模型可以在短时间内对海量图像进行分类，相比传统的CPU，处理速度提升数倍甚至数十倍。同时，高速固态硬盘（Solid State Disk，SSD）的应用也显著提高了数据的存储和读取速度，确保多模态数据能够及时被处理和调用。在视频监控系统中，SSD能够快速存储大量的监控视频数据，并且在需要时能够迅速检索和回放，满足了对视频数据实时性和可靠性的要求。

在软件算法层面，优化数据处理算法是降低计算复杂度、提高处理效率的关键。在多模态数据融合算法中，深度学习算法展现出了强大的优势。例如，基于注意力机制的多模态融合算法，能够自动学习不同模态数据之间的关联特征，根据任务需求动态分配注意力权重，从而提高融合的准确性和效率。在智能客服系统中，这种算法可以更好地理解用户的语音和文本输入，准确识别用户意图，提供更优质的服务。此外，优化网络传输协议也是提升多模态网络性能的重要环节。针对不同模态数据的特点，采用自适应的传输策略。对于实时性要求极高的语音和视频数据，如视频通话、在线直播等应用，采用实时传输协议（Real-time Transport Protocol，RTP）和实时传输控制协议（RTP Control Protocol，RTCP），确保数据能够以低延迟、高可靠性的方式传输，避免出现卡顿、丢帧等现象，为用户提供流畅的视听体验。

4.3.3 多模态网络的服务质量

多模态网络的服务质量（Quality of Service，QoS）直接关系到用户的使用体验和满意度，因此，保障QoS是多模态网络建设和运营的核心任务之一。

资源预留与分配是保证QoS的首要环节。不同模态的应用对网络带宽、计算资源等有着不同的需求。以高清视频会议应用为例，为了保证视频的流畅播放和语音的清晰传输，需要预留足够的网络带宽。根据视频的分辨率、帧率以及音频的采样率等参数，精确计算所需的带宽资源，并在网络中进行预留。同时，合理分配计算资源，确保视频编解码、音频处理等任务能够高效完成。在云计算环境中，通过资源调度算法，为多模态应用分配合适的虚拟机实例和计算核心，保障应用的性能稳定。

流量管理策略是优化QoS的重要手段。对不同类型的流量进行分类和优先级标记，能够有效避免网络拥塞对关键业务的影响。将实时性强、重要性高的流量，如远程手术中的视频和控制信号、金融交易中的实时数据传输等，设置为高优先级。在网络传输过程中，优先转发高优先级流量，确保其能够快速、准确地到达目的地。同时，采用流量整形和拥塞控制技术，对低优先级流量进行合理调控，避免其占用过多网络资源，从而保障整个网络的稳定运行。

建立服务质量监控与反馈机制是持续优化 QoS 的关键。通过实时监测网络的各项性能指标，如延迟、丢包率、带宽利用率等，及时发现服务质量下降的情况。一旦检测到异常，迅速分析原因并采取相应的调整措施。例如，当发现视频会议出现卡顿现象时，通过监测系统可以快速定位是网络带宽不足还是服务器负载过高导致的问题。如果是带宽问题，可以动态调整网络带宽分配，或者切换到备用网络链路；如果是服务器负载过高，则可以通过负载均衡技术，将部分任务分配到其他服务器上，确保多模态网络始终能够为用户提供稳定、高质量的服务。

4.4 互融多模态网络的发展前景

4.4.1 互融多模态网络的技术趋势

随着信息技术的飞速发展，互融多模态网络正朝着更加智能化、高效化和安全化的方向演进。其技术趋势主要体现在深度融合与协同进化、边缘计算与分布式架构、量子通信与安全增强三个方面。这些趋势不仅推动了网络技术的革新，也为多模态数据的处理与应用提供了全新的可能性，助力各行各业实现数字化转型。

1. 深度融合与协同进化

在未来，互融多模态网络会朝着技术深度融合的方向大步迈进。人工智能与网络技术的融合将愈发紧密，机器学习算法将深度介入多模态数据的处理与分析环节。例如在智能客服领域，通过 Transformer 等深度学习模型对海量的文本咨询记录、用户语音反馈以及用户行为图像数据进行训练，客服系统能够精准识别用户意图，实现更加智能、高效的交互服务。以往用户咨询问题可能需要在复杂的选项中反复选择，如今借助多模态技术，用户仅需自然地说出或写出问题，甚至通过简单的手势，系统就能迅速理解并给出准确回答。同时，不同模态数据间的协同进化将成为常态。在自动驾驶场景中，摄像头捕捉的视觉图像、雷达探测的距离信息以及传感器收集的车辆运行状态数据，不再孤立运作，而是相互补充印证。通过视觉图像可识别道路标识和其他车辆，利用雷达数据能精确测量距离，根据车辆状态数据则能保障行驶稳定性，三者协同工作，大幅提升自动驾驶的安全性与可靠性。

2. 边缘计算与分布式架构

随着物联网设备的大规模普及，数据量呈指数级增长，传统集中式云计算架构面临严峻挑战。互融多模态网络将大力引入边缘计算技术，把数据处理和分析任务向网络边缘转移。以智能工厂为例，车间内大量的传感器、摄像头实时采集设备运行数据、生产流程图像等多模态数据。在边缘设备上，这些数据可进行初步分析，如快速检测设备是否存在异常振动、温度过高等情况，一旦发现异常，立即发出预警，同时将关键数据上传至云端做进一步深度分析。分布式架构也将迎来更大发展空间，通过分布式存储和计算，多模态网络的可靠性和扩展性得以显著提升。在智慧城市建设中，分布在城市各个角落的传感器节点共同构成分布式网络，它们收集交通流量、空气质量、噪声水平等多模态数据，通过分布式计算实时分析处理，为城市管理提供精准的数据支持。

3. 量子通信与安全增强

网络安全威胁日益复杂，互融多模态网络对数据安全和隐私保护的需求愈发迫切。量子通信技术凭借其基于量子力学原理的绝对安全性，有望在未来互融多模态网络中得到广泛应用，保障多模态数据传输的万无一失。例如，在金融机构的多模态交易数据传输中，量子通信可确保客户交易信息、账户数据等不被窃取或篡改。与此同时，加密技术、身份认证技术也在持续创新。同态加密技术允许在密文上进行计算，无须解密数据，保护数据隐私；基于生物特征的多模态身份认证技术，如结合人脸识别、指纹识别和语音识别，大大提高身份验证的准确性和安全性，构建起全方位的网络安全防护体系。

4.4.2 互融多模态网络的市场前景

随着数字化转型的加速推进，互融多模态网络凭借其强大的技术优势和应用潜力，正在成为推动多个领域发展的核心驱动力。其市场前景广阔，不仅体现在多领域需求的强劲增长上，还反映在产业链协同发展的积极态势中。未来，互融多模态网络将在智能化、高效化和安全化方面持续创新，为各行各业带来全新的发展机遇。

1. 多领域需求推动市场增长

互融多模态网络在众多领域展现出极大的应用潜力，有力推动市场规模持续扩大。在智能家居领域，消费者对智能家电的互联互通和个性化控制需求日益旺盛。借助互融多模态网络，用户不仅能通过语音指令进行如"打开客厅灯光并调至暖色调"等操作，还能通过手机 App 上的图像识别功能一键切换家居场景模式，极大提升家居智能化水平，市场前景广阔。在医疗领域，远程医疗、智能诊断等应用高度依赖多模态数据的传输与处理，例如在偏远地区的远程会诊中，患者的医学影像、生命体征数据以及医生与患者的语音交流，通过互融多模态网络实时传输，专家可据此做出准确诊断，推动医疗信息化市场快速发展。在教育领域，在线教育平台利用互融多模态网络实现了视频教学、语音互动、手写笔记识别等功能，提升学习体验。在金融领域，多模态身份验证和风险评估助力金融交易安全。在娱乐领域，沉浸式游戏和互动影视依赖多模态交互。这些领域的需求共同推动互融多模态网络市场规模不断攀升。

2. 产业链协同促进产业发展

互融多模态网络的发展将带动整个产业链协同共进。网络设备制造商将加大研发投入，推出支持多模态数据高速处理和稳定传输的高性能设备,如具备强大并行计算能力的新型服务器,可同时处理海量文本、图像和视频数据。软件开发商将聚焦于开发更多基于多模态交互的应用程序,像智能绘画软件,用户能通过语音描述、手势绘制和图像参考多种方式创作作品。服务提供商则致力于提供更优质的互融多模态网络服务,保障数据传输的低延迟和高可靠性。不同行业间的合作也将更加紧密,例如互联网企业与汽车制造商合作,将互融多模态网络技术应用于智能汽车,实现车辆与外界的智能交互,促进汽车产业向智能化升级,产业链的协同发展将进一步推动互融多模态网络市场的繁荣。

4.4.3 互融多模态网络的创新应用

互融多模态网络凭借其强大的技术整合能力和数据处理优势,正在为多个领域带来革命性的创新应用。通过深度融合多种模态数据,互融多模态网络不仅提升了用户体验,还为智能决策、健康医疗等领域提供了高效、精准的解决方案。以下是互融多模态网络在沉浸式交互体验、智能辅助决策以及健康监测与个性化医疗这三个方面的创新应用实践。

1. 沉浸式交互体验

互融多模态网络可为用户带来前所未有的沉浸式交互体验。在虚拟现实(Virtual Reality,VR)和增强现实(Augmented Reality,AR)领域,结合语音、手势、眼动等多种交互方式,如图 4-10 所示,用户与虚拟环境的交互更加自然流畅。在 VR 教育场景中,学生仿佛置身于历史场景,通过语音提问与虚拟历史人物对话,用手势操作历史文物模型,借助眼动追踪技术聚焦感兴趣的细节,极大提高学习的趣味性和效果。在 AR 购物中,用户通过手机摄像头扫描周围环境,即可在现实场景中叠加商品虚拟展示,通过语音询问商品信息,用手势选择商品款式和颜色,实现更加直观、便捷的购物体验。

图 4-10 沉浸式交互体验

2. 智能辅助决策

互融多模态网络凭借强大的多源数据分析能力，为企业和政府提供智能辅助决策支持。在商业领域，电商平台通过分析用户的购买行为、浏览记录、社交媒体评论等多模态数据，深入洞察用户需求和市场趋势。例如，根据用户在社交媒体上分享的生活照片和文字描述，结合其购物偏好，精准推送符合用户风格的商品，优化产品设计和营销策略。在城市管理领域，政府整合交通摄像头视频、交通流量传感器数据、市民反馈的语音和文本信息等多模态数据，进行综合分析和预测。根据交通拥堵时段和区域的分析结果，合理调整交通信号灯时长，优化公交线路规划，制定更加科学合理的城市规划和管理政策。

3. 健康监测与个性化医疗

在医疗健康领域，互融多模态网络实现对患者的全方位健康监测和个性化医疗服务。通过可穿戴设备、医疗传感器等采集患者的生理数据，如心率、血压、睡眠监测数据、运动数据（如步数、运动轨迹）、饮食数据（如食物摄入种类和量等多模态信息），结合医疗影像和病历数据，医生能实时、全面了解患者健康状况。例如，通过分析患者的连续心率数据和运动轨迹，结合其病史，预测心血管疾病风险，进行疾病的早期预警和诊断。同时，根据患者的基因数据、生活习惯等个体差异，制订个性化的治疗方案，如为糖尿病患者制订专属的饮食和运动计划，提高治疗效果和患者生活质量。

习 题 4

一、选择题

1. 多模态通信技术是指（　　）。

　　A. 通过单一信号传输方式进行信息传递的技术

　　B. 通过多种信号传输方式进行信息传递的技术

　　C. 仅处理文本和图像信息的技术

　　D. 只在计算机系统内部进行信息交互的技术

2. 多模态通信网络的特点不包括（　　）。

　　A. 多样性　　　　B. 单一性　　　　C. 互补性　　　　D. 可靠性

3. 以多媒体技术为基础的传统多模态通信技术主要聚焦于（　　）。

　　A. 人机交互

　　B. 6G 通感算存一体化

　　C. 传统计算机通信网络对多种媒体形式的处理与融合

D．打破计算机系统内部信息交互束缚

4．跨模态通信技术的关键架构不包括（　　）。

　　A．跨模态语义通信　　　　　　B．单一模态传输

　　C．跨模态信息检索　　　　　　D．云-边协同

5．网络融合的定义是（　　）。

　　A．不同网络设备的简单拼接

　　B．将不同类型的网络基础设施、通信技术以及业务服务进行深度整合与交互连接

　　C．仅实现物理层面的互联互通

　　D．只涉及协议层面的适配

6．网络融合的技术实现方式中，负责将不同网络协议进行"翻译"的是（　　）。

　　A．网关技术　　　　　　　　　B．软件定义网络技术

　　C．协议转换技术　　　　　　　D．网络功能虚拟化技术

7．多模态网络架构中，承担数据采集任务的是（　　）。

　　A．融合层　　　B．应用层　　　C．感知层　　　D．传输层

8．在多模态网络的性能优化中，加速图像和视频数据处理的硬件设备是（　　）。

　　A．中央处理器　　　　　　　　B．图形处理单元

　　C．高速固态硬盘　　　　　　　D．内存

9．互融多模态网络的技术趋势不包括（　　）。

　　A．深度融合与协同进化　　　　B．集中式计算与单一架构

　　C．边缘计算与分布式架构　　　D．量子通信与安全增强

10．在智能辅助决策中，电商平台分析用户多模态数据的目的是（　　）。

　　A．提高平台流量　　　　　　　B．深入洞察用户需求和市场趋势

　　C．增加用户使用时长　　　　　D．优化平台界面设计

二、填空题

1．多模态通信技术将_____、图像、文字、触觉等信息进行整合，实现跨媒体平台的信息互通。

2．多模态通信依据底层实现原理和应用场景可分为以多媒体技术为基础的传统多模态通信技术、以人机交互为基础的多模态相关通信技术以及以_____为目标的新兴多模态通信技术。

3．多模态信息发送端处理的关键技术包括多模态语料库的构建和_____。

4．跨模态通信技术涵盖跨模态语义通信、联合传输框架、跨模态信息检索、跨模态信息交互以及_____。

5．网络融合的特点包括资源共享、业务协同、技术整合以及_____。

6．网络融合的技术实现方式有协议转换技术、网关技术、软件定义网络技术以及_____。

7．多模态网络架构包含感知层、融合层和_____。

8．多模态网络性能优化在硬件方面依赖高性能的计算设备和_____。

9．互融多模态网络的技术趋势体现在深度融合与协同进化、边缘计算与分布式架构以及_____。

10．在健康监测与个性化医疗中，通过可穿戴设备等采集患者的生理数据、运动数据、饮食数据等多模态信息，结合医疗影像和病历数据，医生能实时、全面了解患者_____。

三、简答题

1．简述以人机交互为基础的多模态相关通信技术与传统基于多媒体技术的多模态通信技术的区别。

2．网络融合技术在企业网络融合中起到了哪些作用？请简要说明。

3．结合文本内容，分析互融多模态网络在未来发展中面临的机遇和挑战有哪些。

第 5 章 智能化网络

学习目标

- 理解智能化网络的定义、架构和关键技术。
- 掌握人工智能技术在网络优化和网络安全中的应用。
- 分析智能化网络管理的概念和维护策略。
- 探讨智能化网络的技术演进、业务创新以及面临的挑战与机遇。

案例引导

NVIDIA AI-RAN 解决方案是一个面向 AI 时代的蜂窝网络,它在同一通用基础设施上部署 5G 和 6G 电信网络,帮助处理语音、数据、视频、AI 和生成式 AI 工作负载。

NVIDIA AI Aerial 提供了软件定义加速平台,可通过同一基础设施为无线电接入网(Radio Access Network,RAN)和 AI 提供支持,帮助通信服务提供商(Communications Service Provider,CSP)支持当前的 AI 功能,并满足未来的 6G 需求。

NVIDIA AI Aerial 平台支持在同一 GPU 内根据需求动态分配 5G 和 AI 工作负载,此举可将产能利用率提升 2～3 倍,改善能效和空间利用率,并减少孤立基础设施的运营成本。

通过 AI 赋能自动化,NVIDIA AI-RAN 解决方案可以简化网络运营,减少人为错误并提升效率。AI-RAN Orchestrator 可在 GPU 内部或不同 GPU 之间动态分配计算资源,从而优化资源使用并降低运营成本。

NVIDIA AI Aerial 平台利用完全软件定义的体系架构,CSP 只需升级软件即可过渡到 6G。该平台已成为 6G 研发的关键组件,支持不同的细分市场,包括 O-RAN、专用 5G 和虚拟 RAN(vRAN);不同工作负载,以及各种部署场景(从无线接入、城域边缘和核心到中心云)。

NVIDIA Aerial AI Radio Frameworks 提供了一套 AI 算法,支持在 RAN 中进行 AI 训练和推理,进一步提升无线电性能。

我们可以看到,AI 技术在网络服务提供商中的应用如何通过智能化手段提升网络性能,包括如何提升资源利用率、运营效率和无线电性能,以及如何为未来的网络技术(如 6G)做好准备。这些应用不仅提高了网络的效率和性能,还为网络服务提供商带来了成本节约和运营上的便利。

智能化网络，作为传统网络技术与人工智能、大数据、云计算等新兴技术深度融合的产物，正逐步改变着信息传输、处理与应用的模式。通过先学习掌握智能化网络的定义，即其如何通过集成智能算法、自动化工具与高级分析技术实现网络资源的动态配置、故障预测与自我修复，以及服务质量的持续优化；再深入学习智能化网络的架构体系，包括其层次结构、功能模块以及各模块间的交互机制，如智能决策层、数据处理层、网络控制层与基础设施层等。智能化网络中关键技术的学习则聚焦于人工智能算法（如机器学习、深度学习）、大数据分析、软件定义网络、网络功能虚拟化以及边缘计算等，理解这些技术如何协同工作，推动网络向更加智能、灵活、高效的方向发展。

5.1 智能化网络基础

5.1.1 智能化网络的定义和架构

1. 智能化网络的定义

智能化网络是指通过规则、专家模型、人工智能等多种途径对设备状态、性能、资源进行智能分析和配置，使系统具备自动、快速发现网络问题，并具备自诊断和自处理能力的一种网络形式。智能化网络以其规则化、模型化、自动化的特点，极大地提升了网络管理的效率和网络服务的可靠性。

规则化：对网络运行维护过程中产生的告警和问题的处理经验等信息进行分析，根据厂商、类型、级别进行归一化总结，根据类型、级别等信息进行重定义，并按照逻辑关系等条件推理出统一的规则，并应用到网络维护当中。这一步骤确保了网络问题可以被系统地识别和处理，提高了维护效率。

模型化：专业网络、业务资源、运维流程等运营中涉及的数据、信息、流程变化的内在规律以模型形式来固化，并能根据历史数据和现网数据的输入进行模型化运算，预测未来某个时间的网络变化情况，指导网络维护活动。模型化使得网络维护更加科学和高效，通过预测来提前解决问题，减少故障发生的可能性。

自动化：把网络运维工作中需要大量人工的、重复性的工作交给计算机系统来做，利用各类技术手段和方法实现相关运维过程的无人参与或部分参与,将维护人员从大量机械化劳动中解脱出来。自动化不仅提高了运维效率，还降低了人为错误的风险。

智能化网络的主要功能模块包括智能化网络监控、智能化操作维护、智能化指挥调度、智能化专家分析和智能化市场服务。这些模块共同协作，使得网络能够自我优化、自我修复，并提供高质量的服务。

智能化网络监控：对网络设备、链路、流量等进行实时监控，及时发现网络异常。
智能化操作维护：通过自动化手段对网络进行维护，减少人工干预，提高维护效率。
智能化指挥调度：根据网络负载和用户需求，动态调整网络资源，优化网络性能。
智能化专家分析：利用专家系统和人工智能技术对网络数据进行深度分析，提供决策支持。
智能化市场服务：根据用户需求和市场变化，提供个性化的网络服务。

2. 智能化网络的结构

智能化网络的结构如图 5-1 所示，通常包括以下几个部分。

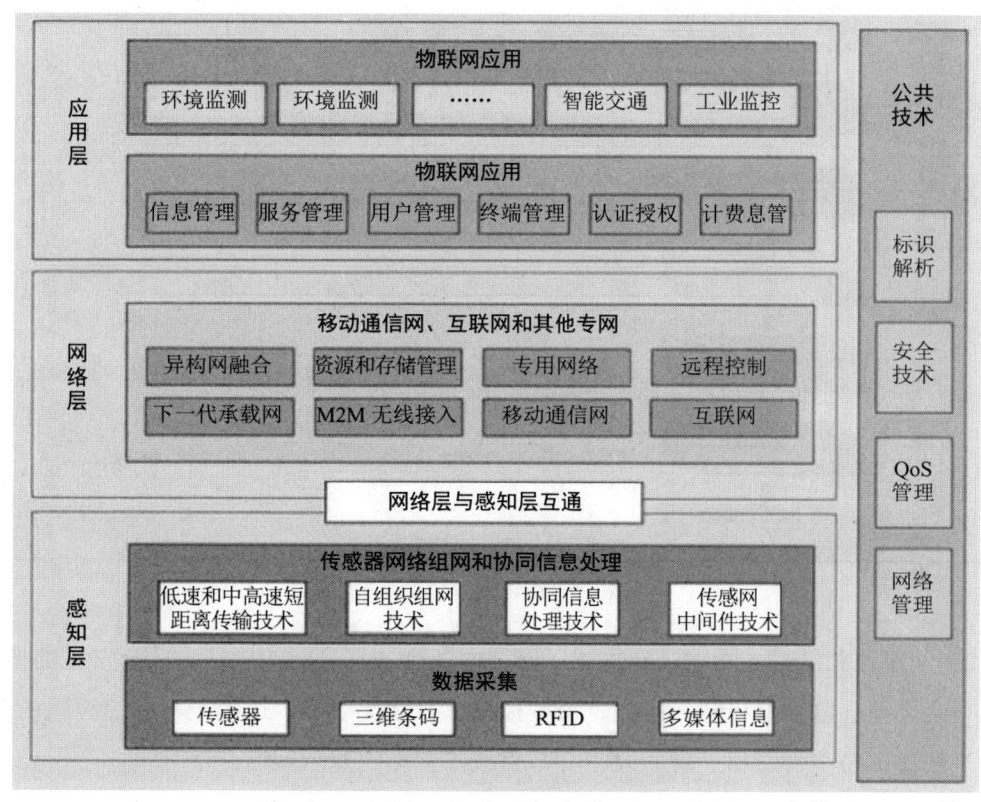

图 5-1　智能化网络的结构

（1）网络层次结构。网络架构通常采用分层结构，如 OSI 七层参考模型（图 5-2）和 TCP/IP 四层模型。每一层都有特定的功能和协议，确保数据能够在不同的网络设备之间顺利传输。

物理层：负责传输比特流，包括光纤、铜缆等传输介质。

数据链路层：负责数据帧的传输和错误检测，如以太网协议。

网络层：负责数据包的路由和转发，如 IP 协议。

传输层：负责数据的可靠传输和流量控制，如 TCP 和 UDP 协议。

会话层：负责建立、维护和终止会话，如远程过程调用（Remote Procedure Call，RPC）协议。

表示层：负责数据的格式化和加密解密，如多用途互联网邮件扩展（Multipurpose Internet Mail Extensions，MIME）协议。

应用层：负责为用户提供网络服务，如 HTTP、FTP、SMTP 等协议。

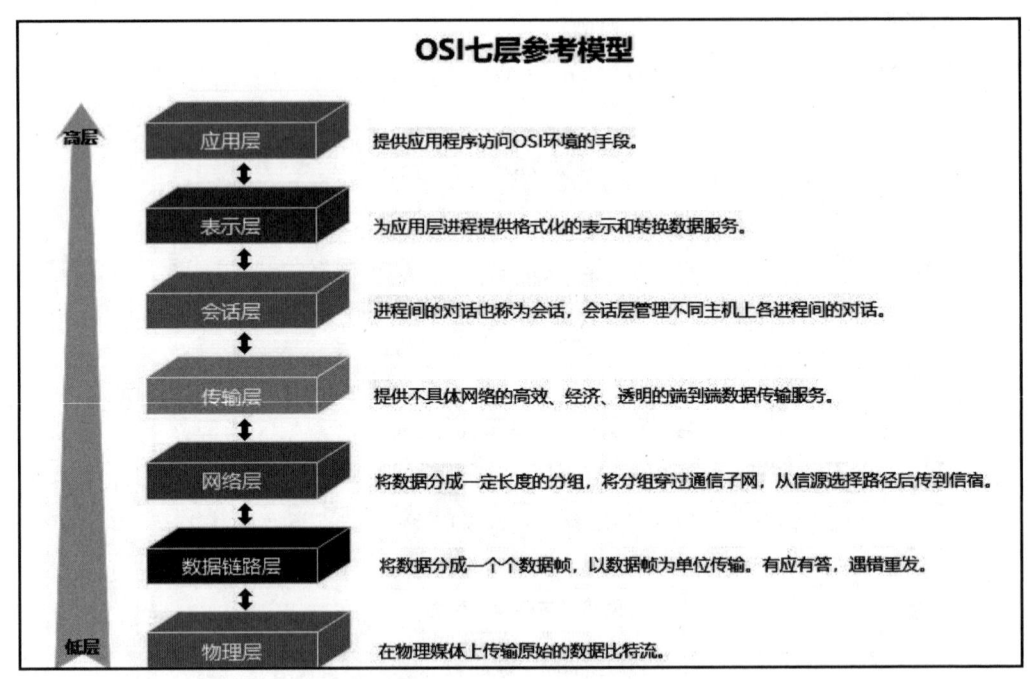

图 5-2　OSI 七层参考模型

（2）网络拓扑结构。网络拓扑描述了网络中各个节点之间的连接方式，常见的拓扑类型包括星型、环型、总线型和网状拓扑。每种拓扑都有其优缺点，适用于不同的应用场景。

星型拓扑：易于管理和扩展，但中心节点故障会影响整个网络。

环型拓扑：数据传输效率高，但单点故障会导致整个网络瘫痪。

总线型拓扑：结构简单，成本低，但传输距离和节点数量受限。

网状拓扑：冗余度高，可靠性好，但结构复杂，成本高。

（3）网络设备。网络设备是构建网络的基础，包括路由器、交换机、防火墙等。它们负责数据的转发、过滤和安全控制。

路由器：用于连接不同网络，并根据目标地址选择最佳路径转发数据包。

交换机：用于在同一网络内转发数据包，能够有效减少网络拥塞。

防火墙：用于保护网络安全，过滤不必要或恶意的数据流。

负载均衡器：用于分配流量，提高系统的可用性和性能。

（4）软件组件。软件组件包括网络操作系统、管理软件等，主要负责网络的管理和监控。

网络操作系统：提供网络设备的基本功能和管理接口，如 Cisco IOS 等。

网络管理软件：用于监控网络性能，配置设备和故障排除。

（5）智能化系统。智能化系统是智能化网络的核心，包括智能化监控、智能化分析、智能化调度等模块。这些模块通过收集网络数据，利用人工智能技术进行深度分析，实现网络的自我优化和自我管理。

5.1.2 智能化网络的关键技术

智能化网络的发展依赖于多种关键技术的支持，以下是几个重要的关键技术。

1. SDN

SDN 是一种新兴的网络架构，允许网络管理员通过软件进行集中管理和控制。SDN 将网络控制平面与数据转发平面分离，提高了网络的灵活性和可编程性。通过 SDN，网络管理员可以动态地调整网络配置，优化网络性能，实现快速响应和故障恢复。

2. NFV

NFV 将传统的网络设备功能虚拟化，运行在通用硬件上。这种架构能够降低成本，提高资源利用率。通过 NFV，网络运营商可以按需部署网络功能，实现资源的灵活调度和高效利用。

3. 人工智能与机器学习

人工智能和机器学习技术在智能化网络中发挥着重要作用。通过收集和分析网络数据，AI 系统可以自动识别网络故障、预测网络负载、优化网络配置。此外，AI 还可以用于实现网络安全的智能化管理，如自动检测和防御网络攻击。

（1）网络计算。网络计算是指通过计算机网络进行计算的方式。它将计算任务分配给多个网络节点，并协同完成计算任务。网络计算的特点主要体现在其分布式和协同性上。通过网络计算，可以实现大规模数据的处理和传输，提高计算效率和资源利用率。

（2）数字孪生技术。数字孪生是物理网络的虚拟表述，基于数据、模型和接口对物理网络进行分析、诊断、仿真和控制。通过数字孪生技术，运营商可以模拟和优化网络配置，降低实际网络部署的风险和成本。同时，通过数字孪生技术还可以实现网络的预测性运维，提高网络的稳定性和可靠性。

（3）边缘计算。边缘计算是一种分布式计算架构，将数据处理和存储移至网络边缘。通过边缘计算可以减少数据传输的延迟，提高响应速度。随着物联网的发展，边缘计算将成为网络架构的重要组成部分。通过边缘计算技术，可以实现物联网设备的智能化管理和优化，提高物联网应用的性能和可靠性。

（4）高性能网络协议。高性能网络协议是智能化网络的重要组成部分。通过优化网络协议，可以提高数据传输的效率和可靠性。例如，远程直接内存访问技术可以通过网络将数据直接传输到计算机的存储区，减少数据复制和上下文切换的开销，提高数据传输的速度和效率。

（5）网络安全技术。网络安全是智能化网络的重要考虑因素。通过采用多层安全策略，包括物理安全、网络安全和应用安全，可以确保数据的机密性和完整性。此外，还需要采用先进的网络安全技术，如防火墙、入侵检测系统、数据加密等，来防御网络攻击和保障网络安全。

5.1.3 智能化网络的应用场景

智能化网络的应用场景广泛且深入，它们如同一幅幅生动的画卷，在现代社会的各个角落徐徐展开，为我们的生活和工作带来了前所未有的便捷与高效，如图5-3所示。

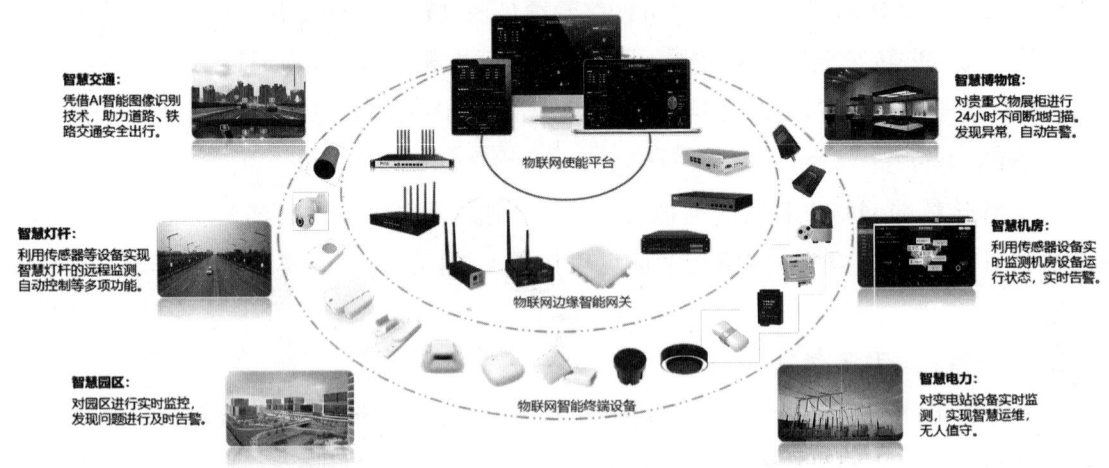

图5-3 万物智联

在智能家居场景中，智能化网络如同一位无形的管家，它让家中的灯光、空调、窗帘、安防系统等设备实现了互联互通。通过手机或语音助手，我们可以轻松控制家中的一切，甚至根据生活习惯和喜好设定自动化场景，如设定"离家模式"自动关闭所有电源，"回家模式"则提前开启空调和灯光，营造出温馨的归家氛围。

在智慧城市的建设中，智能化网络是城市的神经网络，它连接着城市的每一个角落，从交通管理到环境监测，从公共服务到城市安全，都离不开它的支持。通过大数据分析和人工智能技术，智能化网络能够实时感知城市的运行状态，预测并应对可能出现的问题，如交通拥堵、环境污染等，从而提升城市的整体运行效率和居民的生活质量。

在远程办公和教育领域，智能化网络打破了时间和空间的限制，让工作和学习变得更加灵活和高效。无论身处何地，只要有网络连接，就能轻松接入虚拟会议室，参与在线会议；或是登录在线学习平台，享受优质的教育资源。这种全新的工作模式和学习方式，不仅提高了工作效率和学习效果，还促进了资源的共享和优化配置。

在工业互联网的浪潮中，智能化网络是连接工厂内外的桥梁，它让生产设备、传感器、控制系统等实现了无缝对接，形成了智能化的生产体系。通过实时采集和分析生产数据，智能化网络能够优化生产流程，提高产品质量和生产效率，降低运营成本，为企业的数字化转型和智能化升级提供了有力的支持。

在医疗健康的领域，智能化网络的应用更是让人眼前一亮。它不仅支持远程医疗和在线问诊，让患者在家中就能享受到专业的医疗服务；还能通过智能穿戴设备和物联网技术，实时监测患者的健康状况，提供个性化的健康管理方案。这种全新的医疗模式，不仅提高了医疗服务的可及性和效率，还促进了医疗资源的均衡分配和合理利用。

综上所述，智能化网络的应用场景丰富多样，它们如同一颗颗璀璨的明珠，点缀在现代社会的每一个角落，为我们的生活和工作带来了前所未有的变革和升级。随着技术的不断进步和创新，我们有理由相信，智能化网络的应用将会更加广泛和深入，为构建更加智能、高效、可持续的社会作出更大的贡献。

5.2 智能化网络的应用

5.2.1 智能化网络的应用概述

在探索智能化网络的浩瀚领域中，了解其广泛应用是掌握这一前沿技术不可或缺的一环。智能化网络，作为信息技术发展的高级阶段，正以前所未有的速度重塑着我们的生活、工作和生产方式。本章节旨在概述智能化网络在不同领域中的关键应用，揭示其如何以数据为驱动，结合人工智能、物联网、云计算等先进技术，推动社会各行业的数字化转型和智能化升级。

5.2.2 智能化网络在生态农庄的应用

1. 传统农业面临的问题

传统农业作为人类历史上最为悠久的生产方式之一，在保障粮食安全、促进经济发展方面发挥了至关重要的作用。然而，随着人口增长、资源环境压力加大以及科技的不断进步，传统农业面临着诸多问题和挑战。

（1）土地资源利用率低。土地资源是农业生产的基础，其有效利用程度直接关系到农业生产的效益和可持续性。然而，在传统农业模式下，土地资源的利用率普遍较低。一方面，由于缺乏有效的规划和管理，大量耕地被闲置或低效利用，尤其是在偏远地区和经济欠发达地区，耕地撂荒现象较为严重；另一方面，部分耕地种植农产品种类繁杂，未能充分发挥地块优势，导致土地资源的浪费。此外，不合理的耕作方式和过度的化肥农药使用，也加剧了土地资源的退化，降低了土地的生产能力。

（2）农业现代化程度低下。农业现代化是提高农业生产效率、保障农产品质量的重要途径。然而，在我国广大农村地区，农业现代化的进程相对滞后。一方面，农业生产工具和技术水平普遍不高，许多地区仍然依赖传统的耕作方式和手工操作，导致农业生产效率低下；另一方面，农业科技成果的转化和推广力度不够，许多先进的农业技术和设备没有得到广泛应用，制约了农业生产的现代化进程。此外，农业信息化水平较低，缺乏有效的信息共享和流通机制，也影响了农业生产的决策和管理水平。

（3）农业市场产、供、销脱节。农业市场的产、供、销环节是农业生产的重要环节，其顺畅与否直接关系到农产品的销售和农民的收入。然而，在传统农业模式下，农业市场的产、供、销环节往往存在脱节现象。一方面，农业生产缺乏有效的市场需求导向，农民往往根据自身的经验和判断进行生产决策，导致农产品供过于求或供不应求的现象时有发生；另一方面，农产品流通渠道不畅，缺乏有效的信息平台和销售渠道，导致农产品难以顺利进入市场，影响了农民的收入和农业生产的效益。此外，农产品加工和流通环节也存在诸多问题，如加工技术落后、流通成本高昂等，制约了农业产业的升级和发展。

（4）农业生态环境压力大。农业生态环境是农业生产的基础和保障，其健康状况直接关系到农产品的质量和农业生产的可持续性。然而，在传统农业模式下，农业生态环境面临着巨大的压力。一方面，化肥和农药的过度使用导致了土壤和水源的污染，破坏了生态平衡，影响了农产品的质量和安全；另一方面，不合理的耕作方式和土地利用方式加剧了水土流失和土地退化现象，降低了土地的生产能力。此外，农业废弃物的处理和利用也存在诸多问题，如秸秆焚烧、畜禽粪便排放等，对大气、水体和土壤环境造成了严重的污染。

2. 智能化农业国内外发展现状

随着物联网、大数据、人工智能等新一代信息技术的不断发展，智能化农业正在成为推动农业现代化的重要力量，如图 5-4 所示。国内外在智能化农业领域的发展呈现出以下趋势和特点。

（1）国外智能化农业发展现状。

美国：作为世界主要的粮食出口国之一，美国在智能化农业领域的发展起步较早，水平较高。美国农业智能化主要体现在大集成、大数据和大协同三个方面。一方面，美国通过集成先进的设备和技术，如智能环境传感器、智能农机、农业机器人等，形成了农业精细智能生产系统，提高了农产品的质量和农场运营效率；另一方面，美国建立了大农业数据库，实时跟踪发布农业市场行情数据，实现了生产与市场需求的精准对接。此外，美国政府、科研机构和农企三方协同的产业化运作方式也有效协调了各方力量，实现了多方共赢。

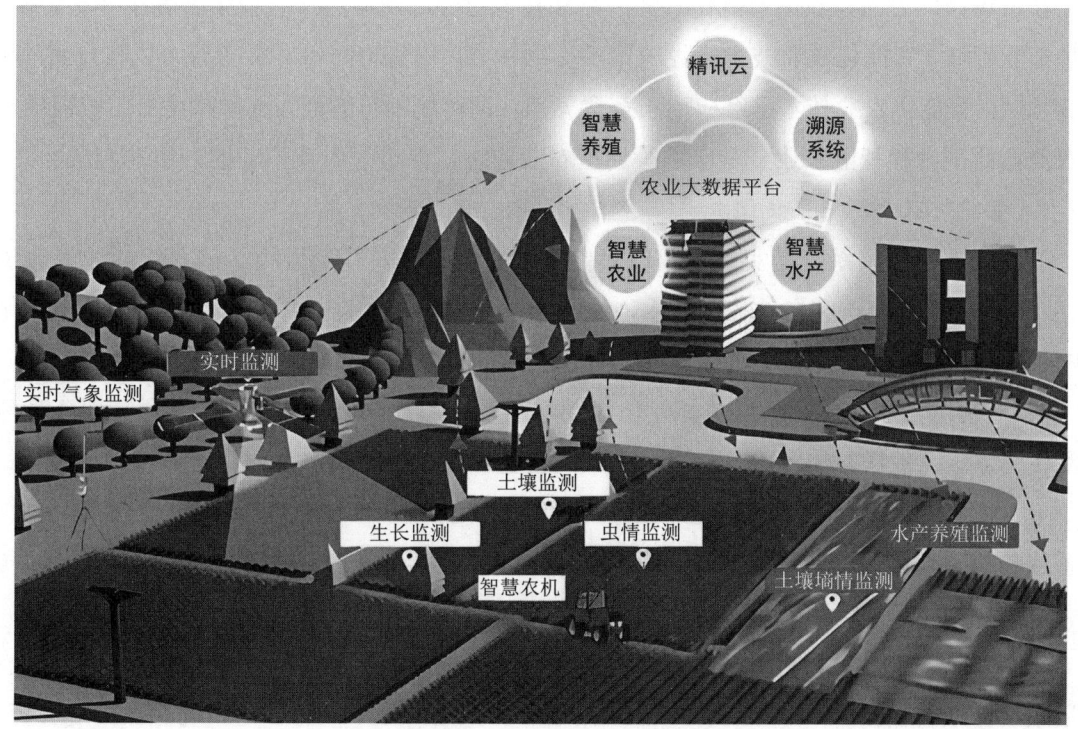

图 5-4 智能化网络在生态农庄的应用

欧盟：欧盟在智能化农业领域的发展取得了显著成果。欧盟通过推广智能农业技术，如精准农业、无人机监测等，提高了农业生产的效率和可持续性。同时，欧盟还注重农业信息化和数字化建设，建立了完善的农业信息共享和流通机制，促进了农业市场的产、供、销一体化。

（2）国内智能化农业发展现状。

近年来，我国在智能化农业领域的发展取得了积极进展。一方面，我国通过借鉴国外先进经验，结合产业基础和条件，充分发挥"互联网+"优势，促进了农业产业链的智能化升级；另一方面，我国还加大了对农业科技和信息化的投入力度，提高了农业生产的自动化和智能化水平。

在政策引导方面，我国政府出台了一系列政策措施，支持智能化农业的发展。提出了加快农业信息化和智能化建设的主要目标和重点任务。同时，各地政府也积极响应国家号召，出台了一系列配套政策措施，为智能化农业的发展提供了有力保障。

在技术创新方面，我国科研机构和企业在智能化农业领域取得了多项重要成果。例如，我国成功研发了多种智能农业设备和系统，如智能灌溉系统、智能温室控制系统等，提高了农业生产的自动化和智能化水平。同时，我国还积极推广农业物联网技术、大数据分析技术等先进技术，为农业生产提供了更加精准、高效的管理和决策支持。

在市场推广方面，我国智能化农业产品和技术已经广泛应用于农业生产各个环节。例如，在种植业领域，智能化农业技术已经应用于作物种植、病虫害防治、农产品加工等方面；在畜牧业领域，智能化农业技术已经应用于畜禽养殖、饲料配制等方面。同时，我国还积极推广智能农业电商平台和智能农业金融服务等新型农业业态，促进了农业产业的升级和发展。

3. 智能化农业网络系统组成

智能化农业网络系统是实现农业现代化和智能化的重要基础设施。该系统通过集成传感器、云平台、数据分析和自动控制技术，为农业生产提供了数据支撑和自动化工具。智能化农业网络系统的组成主要包括以下几个部分：

（1）传感器层。传感器层是智能化农业网络系统的数据采集层。该层通过部署各种环境监测传感器、设备状态传感器和作物生长监测传感器等，实时采集农业生产环境中的数据。例如，环境监测传感器可以采集温度、湿度、光照、CO_2浓度、土壤湿度和养分含量等环境数据；设备状态传感器可以监测灌溉系统、喷洒器、温室风扇等设备的工作状态；作物生长监测传感器可以监控作物的生长状态，如使用图像传感器采集作物的健康数据等。

（2）数据传输层。数据传输层负责将传感器层采集的数据传输到云平台进行分析和处理。该层采用无线传输技术，如 TPUNB、LoRa、NB-IoT、Zigbee、4G/5G 等，确保数据能够可靠、实时地传输到中央系统。同时，数据传输层还需要采用合适的网络通信协议，如 MQTT、CoAP、HTTP 等，确保数据从传感器节点有效传送到云平台或网关。

（3）网关层。网关层是智能化农业网络系统的数据汇聚和预处理层。该层通过数据采集网关将各类传感器数据进行汇聚和预处理，并上传到云端。同时，网关层还需要支持多种通信协议，并将不同格式的数据转换为统一的标准格式，便于在系统中进一步处理。此外，网关层还需要具备本地存储和预警功能，在网络不通畅时能够存储数据并进行基本的实时预警和处理，确保系统的稳定性和安全性。

（4）云平台层。云平台层是智能化农业网络系统的数据存储、分析和处理中心。该层接收并存储从传感器和网关收集的海量数据，并通过机器学习和数据挖掘算法对数据进行分析和处理。云平台层可以根据分析结果提供精准的农业决策支持，如作物健康状况分析、土壤状态分析、天气变化预测等。同时，云平台层还可以实现远程控制灌溉、施肥、病虫害防治等设备的功能，并根据分析结果对系统进行优化管理。

（5）应用层。应用层是智能化农业网络系统的用户接口和管理平台。该层通过移动端或个人计算机端应用程序展示系统的实时数据和分析结果，用户可以方便地查看环境和作物状态。同时，应用层还可以提供智能决策系统，基于数据分析结果给出自动化决策方案或管理建议。此外，应用层还可以提供预测和预警系统，根据历史数据和实时数据预测病虫害风险、天气变化、作物产量等,提前提醒农户采取措施。

4. 智能化农业大棚发展历史

智能化农业大棚作为现代农业发展的重要里程碑,其发展历程不仅见证了农业科技的进步,也反映了人类对于高效、可持续农业生产的不断探索。从最初的简单遮阳避雨设施,到如今的集环境监测、精准灌溉、自动温控、病虫害预警于一体的智能化系统,智能化农业大棚的发展历史是一段充满创新与变革的旅程。

(1)萌芽阶段:传统大棚的兴起。20世纪中叶以前,农业生产主要依赖自然条件,作物生长受到季节和气候的严格限制。为了延长生产周期、提高产量,人们开始尝试建造简易大棚,利用塑料薄膜或玻璃等材料覆盖,为作物提供一个相对稳定的生长环境。这些大棚虽然简陋,但有效抵御了风雨、霜冻等自然灾害,初步实现了作物生长环境的可控性。

(2)初步发展:自动化技术的引入。进入20世纪后半叶,随着工业自动化技术的快速发展,农业大棚开始引入自动卷帘、自动喷灌等简单自动化设备,减少了人力投入,提高了生产效率。这一阶段,大棚内的环境控制仍然偏向粗放,主要依赖于人工判断和手动调节,但已初步具备了智能化发展的基础。

(3)技术突破:物联网技术的融合。21世纪初,物联网技术的兴起为农业大棚的智能化带来了革命性的提升。传感器、无线通信技术、云计算等物联网技术的引入,使得对大棚内的温度、湿度、光照、土壤参数等关键环境因子能够实时监测,并通过网络传输至云端进行数据分析,为农业生产提供了科学依据。同时,基于物联网的自动化控制系统能够根据分析结果自动调节大棚内的环境条件,实现了精准农业管理。

(4)全面发展:人工智能与大数据的应用。近年来,随着人工智能和大数据技术的快速发展,智能化农业大棚进入了全面发展的新阶段。AI算法的应用使得大棚能够根据历史数据和实时监测信息,预测作物生长趋势,提前制定管理措施。大数据分析则帮助农民更好地理解作物生长规律,优化种植结构,提高资源利用效率。此外,智能化大棚还开始融入机器人、无人机等先进设备,进一步提升了农业生产的智能化水平。

5. 智能化农业大棚系统结构

智能化农业大棚系统是一个高度集成的综合管理系统,它利用现代信息技术对大棚内的环境进行精确监测与控制,以实现作物生长环境的最佳化。该系统主要由以下几个关键部分组成:

(1)感知层:环境数据采集。感知层是智能化农业大棚系统的前端,主要负责采集大棚内的环境数据。该部分包括温度传感器、湿度传感器、光照强度传感器、土壤水分传感器、CO_2浓度传感器等设备,它们能够实时监测大棚内的各项环境指标,并将数据通过无线或有线方式传输至数据处理中心。

(2)传输层:数据通信与传输。传输层负责将感知层采集到的数据从大棚现场传输至数据处理中心或云端服务器。这通常依赖于 Wi-Fi、LoRa、NB-IoT 等无线通信技术，以及有线以太网等技术。传输层的高效、稳定是实现数据实时分析与远程控制的关键。

（3）平台层：数据处理与分析。平台层是智能化农业大棚系统的核心，负责接收、存储、处理和分析来自感知层的数据。数据处理中心或云端服务器通过算法对收集到的数据进行清洗、整合、分析，识别出作物生长环境的变化趋势，以及可能存在的问题或风险。同时，平台层还负责向用户展示分析结果，提供决策支持。

（4）应用层：智能控制与决策。应用层基于平台层的分析结果，通过预设的自动化控制策略，对大棚内的环境进行智能调节。这包括自动开启或关闭遮阳帘、通风窗、加热或冷却系统，调节灌溉系统以实现精准灌溉，以及根据病虫害预警信息采取防治措施等。应用层还为用户提供可视化界面，便于远程监控大棚状态，调整管理策略。

（5）用户层：人机交互与反馈。用户层是智能化农业大棚系统与用户之间的接口，通过移动设备、计算机等终端，用户可以实时查看大棚内的环境数据、分析结果，以及接收系统发出的预警信息。用户还可以根据实际需求，通过用户层对系统进行设置和调整，实现个性化管理。同时，用户层也提供了反馈机制，用户可以将使用体验和改进建议反馈给系统开发者，促进系统的持续优化。

6. 主要传感设备

智能化农业大棚中，传感设备是实现环境精准监测的关键。它们能够实时捕捉大棚内的各种环境参数，为智能决策提供数据支持。以下是几种主要的传感设备及其功能介绍：

（1）温度传感器。温度传感器用于测量大棚内的空气温度，该参数是评估作物生长环境舒适度的重要指标。温度传感器通常采用热敏电阻或热电偶原理，能够精确感知环境温度的变化，并将这些信息转化为电信号进行传输。通过分析温度数据可以判断是否需要启动加热或冷却系统，以维持作物生长所需的最佳温度范围。

（2）湿度传感器。湿度传感器用于监测大棚内的空气湿度，空气湿度对作物生长至关重要，过高的湿度可能导致病害滋生，而过低的湿度则可能影响作物的蒸腾作用和水分吸收。湿度传感器通过电容式、电阻式或光学原理测量空气中的水蒸气含量，并将数据实时传输至系统。系统根据湿度数据可以自动调节通风系统，以保持适宜的湿度水平。

（3）光照强度传感器。光照是作物进行光合作用的主要能量来源，光照强度传感器用于监测大棚内的光照水平。这些传感器通常采用光敏电阻或光电二极管，能够精确测量光照强度，并将其转换为电信号。通过分析光照数据，系统可以判断是否需要开启或调整补光灯，以确保作物获得充足的光照。

（4）土壤水分传感器。土壤水分传感器用于监测土壤中的水分含量，该参数是指导精准灌溉的重要依据。这些传感器通常采用电容式、电阻式或频域反射原理，能够准确测量土壤中的水分含量。系统根据土壤水分数据,可以自动调节灌溉系统,实现按需灌溉,避免水资源浪费。

(5) CO_2 浓度传感器。CO_2 是作物进行光合作用的重要原料,CO_2 浓度传感器用于监测大棚内的 CO_2 浓度。该类传感器通常采用红外吸收原理,能够精确测量空气中的 CO_2 含量。通过分析 CO_2 浓度数据,系统可以判断是否需要补充 CO_2,以提高作物的光合作用效率,促进生长。

(6) 其他传感器。除上述主要传感器外,智能化农业大棚还可能配备其他类型的传感器,如土壤 pH 值传感器、EC 值传感器(用于测量土壤溶液的电导率,反映土壤中的盐分含量)、风速风向传感器等,以全面监测大棚内的环境状况,为作物生长提供全方位的支持。

综上所述,智能化农业大棚的发展历史是农业科技进步的缩影,其系统结构复杂而精密,主要传感设备则是实现精准农业管理的关键。随着技术的不断进步,智能化农业大棚将更加智能、高效、环保,为现代农业的可持续发展贡献力量。

5.2.3 智能化网络在城市的应用

1. 智能化城市的发展现状

智能化城市,作为 21 世纪城市发展的新形态,正以前所未有的速度在全球范围内扩展。这一理念融合了信息技术、物联网、大数据、人工智能等多种先进技术,旨在通过数字化手段优化城市管理,提升公共服务水平,增强居民生活质量,推动经济可持续发展。智能化城市的发展现状可以从以下几个方面进行概述:

(1) 全球范围内的兴起与推进。近年来,从欧美发达国家到亚洲新兴市场国家,智能化城市建设已成为各国政府推动城市现代化的重要战略。例如,新加坡的"智慧国计划"、美国的"智慧城市挑战"、中国的"新型智慧城市"建设等,这体现了全球范围内对智能化城市发展的高度重视。这些项目不仅关注基础设施建设,更强调数据共享、服务创新和居民参与,力求打造高效、便捷、绿色的城市生活环境。智能化网络在城市中的应用如图 5-5 所示。

(2) 技术创新与融合应用。智能化城市的发展离不开技术创新与融合应用。随着物联网、5G 通信、大数据、云计算、人工智能等技术的不断成熟,智能化城市的应用场景日益丰富:智能交通系统减少拥堵,智能能源管理系统优化能源使用,智能安防系统提升公共安全,智能环保系统监测环境污染,智慧医疗提供便捷医疗服务,智慧教育促进教育资源均衡。技术创新正深刻改变着城市的运行模式和居民的生活方式。

(3) 数据驱动的城市治理。数据是智能化城市的核心资源。通过收集、整合、分析城市运行中的海量数据,政府可以更加精准地掌握城市运行状态,预测未来趋势,作出科学决策。例如,利用大数据分析城市交通流量,优化公共交通线路;通过物联网技术监测水质、空气质量,及时预警环境污染;借助人工智能技术分析居民行为模式,优化公共服务布局。数据驱动的城市治理不仅提高了管理效率，也增强了决策的透明度和公众的参与度。

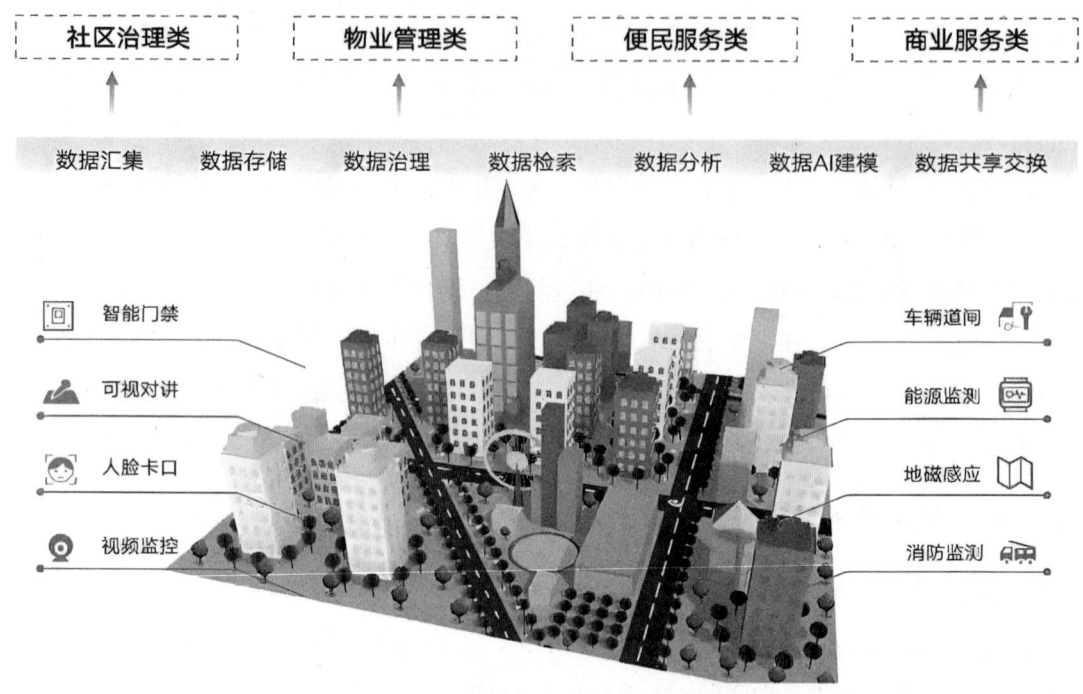

图 5-5　智能化网络在城市的应用

（4）面临的挑战与应对策略。尽管智能化城市展现出巨大的发展潜力，但其发展过程中也面临着诸多挑战，包括数据安全与隐私保护、数字鸿沟的扩大、技术更新迭代的速度与成本，以及传统行业转型升级的压力等。为了应对这些挑战，各国政府和企业正积极探索有效的解决方案。例如，加强数据立法，保障个人隐私和数据安全；推动数字技术普及，缩小数字鸿沟；鼓励技术创新与产业升级，降低智能化转型的成本；建立多方参与的协同治理机制，促进政府、企业、公众之间的合作与共赢。

2. 智能化城市的系统结构

智能化城市的系统结构是一个复杂而精细的体系，它涵盖了城市基础设施、数据平台、应用服务等多个层面，通过高度集成的信息化系统，实现城市运行的高效、智能和可持续。具体而言，智能化城市的系统结构可以分解为以下几个关键组成部分：

（1）数字基础设施。基础设施层是智能化城市的基石，包括通信网络、物联网设备、云计算中心、智能感知终端等。通信网络是数据传输的通道，确保信息的实时、可靠传输；物联网设备如传感器、射频识别标签等，广泛分布于城市各个角落，实时采集城市运行数据；云计算中心作为数据处理和存储的中心，提供强大的计算能力和存储资源；智能感知终端如智能摄像头、智能路灯等，则负责城市安全监控、环境监测等任务，如图 5-6 所示。

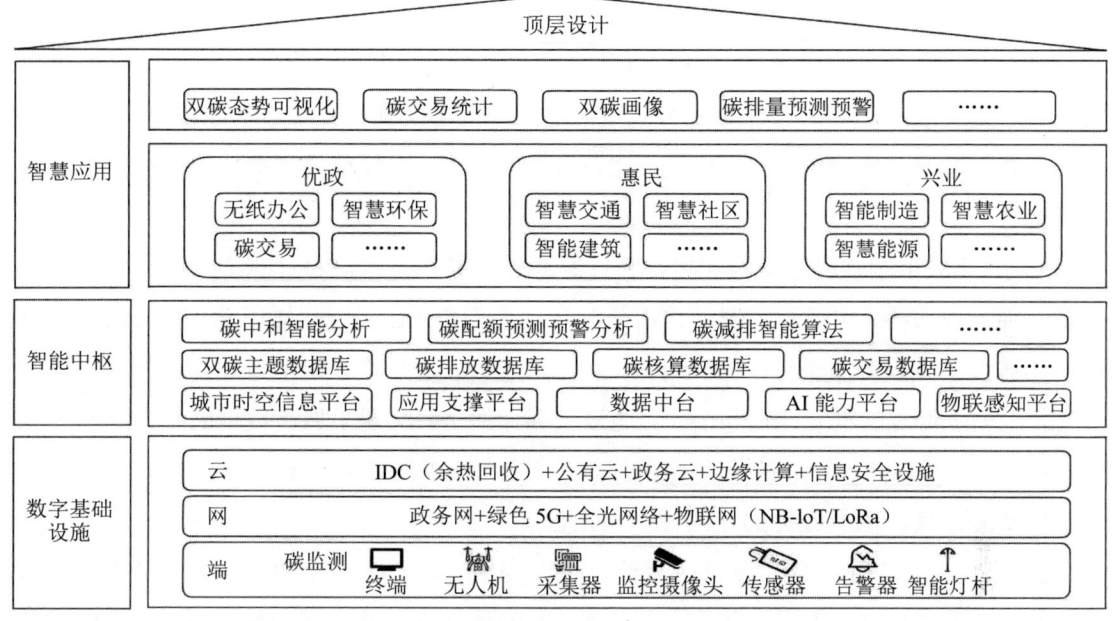

图 5-6 智能化城市的系统结构

（2）智能中枢。数据平台层是智能化城市的中枢，负责数据的整合、分析和管理。它包括数据采集系统、数据存储系统、数据分析系统和数据共享系统。数据采集系统负责从基础设施层收集各类数据；数据存储系统则提供高效、安全的数据存储服务；数据分析系统利用大数据、人工智能等技术，对数据进行深度挖掘和分析，提取有价值的信息；数据共享系统则促进政府、企业、公众之间的数据共享，打破信息孤岛，提升数据利用价值。

（3）智慧应用。应用服务层是智能化城市面向公众和企业的直接界面，提供各类智能化服务和应用。这些服务包括但不限于智能交通、智慧医疗、智慧教育、智慧能源、智慧环保、智慧安防等。智能交通系统通过实时交通信息监测和智能调度，减少交通拥堵，提高出行效率；智慧医疗系统提供远程医疗、健康监测等服务，提升医疗服务质量和可及性；智慧教育系统利用在线教育资源，促进教育公平和个性化学习；智慧能源系统通过智能电表、分布式能源管理等手段，优化能源使用，降低能耗；智慧环保系统实时监测环境质量，预警环境污染事件；智慧安防系统则通过智能监控、人脸识别等技术，提升公共安全水平。

（4）安全与隐私保护层。安全与隐私保护层是智能化城市不可或缺的一部分，它贯穿于整个系统结构的各个层面，确保城市运行的安全和居民隐私的保护。这包括数据加密、访问控制、身份认证、隐私保护、安全审计等措施。数据加密技术确保数据在传输和存储过程中的安全性；访问控制和身份认证机制防止未经授权的访问和操作；隐私保护技术确保个人数据的合法使用和最小必要原则；安全审计则记录系统操作行为，及时发现和处置安全隐患。

3. 云计算在智慧城市中的应用

云计算作为信息技术的重要分支，以其灵活、高效、可扩展的特性，在智能化城市建设中发挥着举足轻重的作用。云计算在智慧城市中的应用不仅优化了城市基础设施的资源配置，还促进了数据共享与应用创新，支持城市服务升级与转型，为城市的智能化转型提供了强大的技术支持。

（1）优化城市基础设施资源配置。云计算通过虚拟化技术，将计算资源、存储资源、网络资源等抽象成服务，实现了资源的按需分配和动态调整。在智能化城市建设中，云计算可以显著优化城市基础设施的资源配置。例如，通过构建云计算中心，集中管理和调度城市中的计算资源，避免了资源的重复建设和浪费；通过云存储服务，实现了城市数据的集中存储和高效访问，降低了数据存储和管理的成本；通过云计算的弹性扩展能力，可以根据城市运行的需求，灵活调整资源规模，确保服务的连续性和稳定性。

（2）促进数据共享与应用创新。云计算平台为城市数据的共享和应用创新提供了有力的支持。通过云计算平台，政府、企业、公众可以方便地访问和共享城市数据资源，打破了信息孤岛，促进了数据的流通和价值的挖掘。同时，云计算平台还提供了丰富的开发工具和服务，降低了应用开发的门槛和成本，激发了应用创新的活力。例如，基于云计算平台，可以开发智能交通管理系统、智慧医疗服务平台、智慧环保监测系统等各类智能化应用，提升城市管理的智能化水平。

（3）支持城市服务的升级与转型。云计算在智慧城市中的应用还促进了城市服务的升级与转型。通过云计算平台，政府可以提供更加便捷、高效的公共服务。例如，通过构建云计算政务服务平台，实现政务服务的在线办理、自助查询等功能，提高了政府服务的透明度和效率；通过云计算技术支持的远程教育、远程医疗等服务，打破了地域限制，提升了公共服务的可及性和公平性。此外，云计算还可以支持城市服务的智能化升级，如通过智能电表、智能水表等物联网设备，实现能源和水资源的智能管理；通过智能安防系统，提升城市公共安全水平。

（4）推动城市治理模式的创新。云计算在智慧城市中的应用还推动了城市治理模式的创新。通过云计算平台，政府可以更加精准地掌握城市运行状态，预测未来趋势，作出科学决策。例如，利用云计算平台对城市交通流量、环境质量、能源消耗等数据进行分析和预测，可以优化城市规划和资源配置；通过云计算技术支持的公众参与平台，可以增强公众对城市治理的参与度和满意度；通过云计算支持的跨部门协同工作平台，可以提高政府部门的协同效率和响应速度。这些创新治理模式不仅提升了城市治理的智能化水平，也增强了城市治理的民主性和透明度。

云计算在智慧城市中的应用不仅优化了城市基础设施的资源配置，还促进了数据共享、应用创新和服务升级，为城市的智能化转型提供了强大的技术支持。随着云计算技术的不断发展和完善，其在智慧城市中的应用前景将更加广阔，为城市的可持续发展注入新的动力。

4. 中间件技术

中间件技术，作为信息技术领域的一项重要创新，扮演着连接不同软件系统和硬件设备的桥梁角色。其核心概念在于提供一个介于应用层与底层系统之间的通用服务层，使得上层应用能够无须关心底层实现的细节，专注于业务逻辑的处理。中间件技术通过抽象化、标准化、模块化等手段，极大地提高了系统的可移植性、可扩展性、可靠性和安全性，是构建复杂、大规模分布式系统不可或缺的关键组件。

（1）中间件的定义与分类。中间件（Middleware）通常被定义为一种位于操作系统和应用软件之间的软件层，它提供了一组通用服务，这些服务使得分布式系统中的各个组件能够更有效地进行通信和协作。根据功能和应用场景的不同，中间件可以分为如下多种类型：

消息中间件：负责在不同应用之间传递消息，实现异步通信，如 Java 消息服务（Java Message Service，JMS）、RabbitMQ、Kafka 等。

数据库中间件：提供数据库连接池、数据分片、读写分离等功能，优化数据库访问性能，如 MyCat、Sharding-JDBC 等。

应用服务器中间件：提供应用程序部署、运行和管理环境，如 Tomcat、JBoss、WebLogic 等。

远程调用中间件：支持跨网络的服务调用，实现分布式系统的远程通信，如 Java 远程方法调用（Remote Method Invocation，RMI）、gRPC、Dubbo 等。

物联网中间件：专门设计用于物联网场景，处理物联网设备的数据采集、转换、路由和存储，如 Eclipse Kura、AWS IoT Core 等。

（2）中间件的关键特性。

抽象化。中间件通过提供统一的接口和协议，屏蔽了底层系统的复杂性，使得上层应用可以基于这些抽象层进行开发，无须关心底层技术的具体实现。

标准化。中间件遵循一定的标准和规范，确保了不同系统之间的互操作性，促进了系统的集成和互连。

模块化。中间件通常被设计为独立的模块，可以根据需要灵活添加或移除，提高了系统的可扩展性和可维护性。

高性能。中间件通过优化数据传输、处理效率和资源管理等方面，提高了整个系统的性能表现。

安全性。中间件提供了多种安全机制，如数据加密、身份验证、访问控制等，确保了系统数据的机密性、完整性和可用性。

（3）中间件技术的发展趋势。随着云计算、大数据、物联网、人工智能等技术的快速发展，中间件技术也在不断演进，呈现出以下趋势：

云原生中间件。随着云计算的普及，越来越多的中间件开始支持云原生特性，如容器化、微服务架构、自动伸缩等，以适应云计算环境下的需求。

智能化中间件。结合人工智能和机器学习技术，中间件能够更智能地处理和分析数据，提供预测性维护、智能调度等高级功能。

边缘计算中间件。针对物联网和边缘计算场景，中间件开始支持在边缘设备上运行，以减少数据传输延迟，提高响应速度。

安全增强。随着网络安全威胁的日益严峻，中间件在安全方面的投入不断加大，包括加强数据加密、引入区块链技术等，以提高系统的整体安全性。

5. 中间件技术在物联网中的应用

物联网作为新一代信息技术的重要组成部分，通过智能感知、识别技术与普适计算等通信感知技术，将各种信息传感设备与互联网结合起来形成一个巨大网络。在这个网络中，中间件技术发挥着至关重要的作用，它不仅能够连接海量的物联网设备，还能高效处理这些设备产生的海量数据，推动物联网应用的创新与发展。物联网中间件平台如图 5-7 所示。

图 5-7 物联网中间件平台

（1）物联网中间件的功能。

设备连接与管理。物联网中间件负责设备的接入认证、状态监控、配置管理等功能，确保设备能够安全、稳定地接入网络。

数据收集与预处理。中间件从物联网设备中收集数据，并进行初步的清洗、转换和聚合，为后续的数据分析和应用提供基础。

数据路由与分发。根据数据的类型和目的地，中间件将数据路由到相应的处理系统或存储设施，实现数据的按需分发。

事件处理与触发。中间件能够识别和处理物联网事件，如设备故障、异常数据等，并触发相应的响应机制，如报警、通知等。

安全与隐私保护。中间件提供数据加密、访问控制等安全机制，确保物联网数据的安全传输和存储。

（2）物联网中间件的应用场景。

智慧城市。在智慧城市建设中，物联网中间件连接交通、安防、能源、环保等领域的物联网设备，实现城市运行数据的实时采集、分析和应用，提升城市管理效率和居民生活质量。

工业物联网。在工业 4.0 和智能制造领域，物联网中间件连接生产线上的各种传感器、控制器和执行器，实现生产过程的智能化监控和优化，提高生产效率和产品质量。

智能家居。智能家居系统中，物联网中间件连接家中的智能设备，如智能灯泡、智能门锁、智能家电等，实现设备的远程控制、自动化控制和场景联动，提升家庭生活的便捷性和舒适度。

农业物联网。在智慧农业领域，物联网中间件连接农田中的传感器、无人机、智能灌溉系统等设备，实现农作物生长环境的实时监测和精准管理，提高农业生产效率和资源利用率。

医疗健康。在远程医疗、健康监测等场景中，物联网中间件连接可穿戴设备、医疗设备等，实现患者健康数据的实时采集和分析，为医生提供决策支持，为患者提供个性化的健康管理服务。

（3）物联网中间件面临的挑战与应对策略。尽管物联网中间件在推动物联网应用发展中发挥了重要作用，但也面临着诸多挑战，包括设备异构性、数据安全性、资源受限性、网络通信可靠性等。为了应对这些挑战，中间件技术正在不断创新和发展：

支持异构设备连接。中间件需要支持多种通信协议和接口标准，以实现不同品牌和型号物联网设备的互联互通。

加强数据安全与隐私保护。中间件需要采用先进的加密技术和访问控制机制，确保物联网数据的安全传输和存储，同时尊重用户的隐私权益。

优化资源消耗。针对物联网设备资源有限的特点，中间件需要优化数据处理和传输过程中的资源消耗，延长设备的使用寿命。

提高网络通信可靠性。中间件需要采用可靠的通信协议和容错机制，确保物联网数据在复杂网络环境下的稳定传输。

中间件技术在物联网中的应用不仅推动了物联网技术的快速发展和广泛应用，也为智慧城市、工业物联网、智能家居、智慧农业、医疗健康等领域的数字化转型提供了强有力的支持。随着技术的不断进步和应用场景的不断拓展，物联网中间件将继续发挥其在连接设备、处理数据、推动应用创新方面的关键作用，为物联网的未来发展注入新的活力。

5.2.4 智能化网络在交通管理的应用

1. 智能交通的概念

智能交通是一个综合性的概念，它基于先进的信息技术，将交通基础设施、交通工具、交通参与者及交通环境等关键要素进行有机整合，旨在实现交通系统的高效运行、安全保障、环境友好以及便捷服务。智能交通系统的出现，标志着交通管理与服务模式的一次重大革新，它不仅能够显著提升交通管理的智能化水平，还能为城市交通的可持续发展注入新的活力。智能化网络在交通管理中的应用如图 5-8 所示。

图 5-8 智能化网络在交通管理中的应用

智能交通系统的概念涵盖了多个方面，包括但不限于智能交通控制、智能公共交通、智能车辆导航、智能停车管理、智能交通安全监控等。这些子系统的协同工作，共同构建了一个全面、高效的智能交通网络，为人们的出行提供了极大的便利。

智能交通系统的核心在于信息技术的应用，包括大数据、云计算、物联网、人工智能等。这些技术为智能交通系统提供了强大的数据处理和存储能力，使得系统能够实时采集、处理和分析大量交通数据，为交通管理提供科学依据。同时，这些技术还使得智能交通系统能够迅速响应交通状况的变化，及时调整交通信号和交通组织方案，提高交通管理的灵活性和效率。

智能交通系统的发展，不仅解决了城市交通中的许多难题，如交通拥堵、交通事故频发、环境污染严重等，还推动了城市交通的智能化和绿色化发展。通过优化交通信号控制、提供实时路况信息等手段，智能交通系统能够有效缓解城市交通拥堵问题，提高道路通行效率。同时，借助先进的监控技术和数据分析，智能交通系统能够及时发现并处理交通安全隐患，降低交通事故的发生率，保障市民的生命财产安全。此外，智能交通系统还通过优化交通流、推广公共交通和新能源汽车等手段，有助于降低汽车尾气排放，减少环境污染，实现绿色出行和可持续发展。

2. 智能交通的发展现状

随着信息技术的飞速发展和城市化进程的加速，智能交通系统已经成为全球交通领域的一个重要发展方向。目前，智能交通系统在全球范围内得到了广泛应用，其发展现状呈现出以下几个特点：

（1）市场规模持续扩大。近年来，智能交通市场规模持续扩大。据相关研究报告，到2023年，中国智慧交通行业市场规模已达2817亿元。预计2026年我国智能交通市场规模将突破4000亿元，并有望在未来几年持续增长至万亿元级别。这一市场规模的快速增长反映了智能交通系统在交通管理中的重要性日益凸显，以及社会对智能交通系统需求的不断增加。

（2）技术支撑日益强大。智能交通系统的发展离不开先进的信息技术支撑。目前，大数据、云计算、物联网、人工智能等技术已经广泛应用于智能交通系统中，为系统的数据处理、存储、分析和决策提供了强大的支持。这些技术的应用使得智能交通系统能够实现更加精准、高效的管理和服务。例如，通过大数据分析，智能交通系统可以实时掌握交通流量、车速、拥堵状况等信息，为交通管理提供科学依据；通过人工智能算法，智能交通系统可以自动调整交通信号控制方案，优化交通流；通过物联网技术，智能交通系统可以实时监测交通设备的运行状态，及时发现并处理故障。

（3）应用场景不断拓展。智能交通系统的应用场景正在不断拓展。除了传统的城市交通管理领域外，智能交通系统已经开始应用于高速公路、铁路、航空、水运等多个交通领域。例如，在高速公路上，智能交通系统可以通过高精度传感器和监控系统实时监测车辆流量、速度和路况等信息，及时发现和处理道路故障和事故；在铁路领域，智能交通系统可以通过先进的传感器和大数据分析技术实时监测线路状况、列车运行状态和设备性能，确保铁路运行的安全和高效；在航空领域，智能交通系统可以通过数据分析和预测技术优化航班调度和航线规划，提高航空运输的效率和安全性。

（4）政策支持不断加强。智能交通系统的发展还得到了国家层面的高度重视和政策支持。各国政府纷纷出台了一系列鼓励政策和规划，推动智能交通系统的发展和应用。例如，中国政府发布了《智能汽车创新发展战略》《新一代人工智能发展规划》《智慧城市建设行动方案》等政策文件，为智能交通系统的发展提供了良好的政策环境和发展方向。这些政策的出台和实施，不仅推动了智能交通系统的技术创新和应用示范，还促进了智能交通系统与城市规划、环境保护、能源利用等领域的深度融合和协同发展。

3. 智能交通系统的结构和关键

智能交通系统是一个复杂的综合体系，由多个子系统组成，包括智能交通控制子系统、智能公共交通子系统、智能车辆导航子系统、智能停车管理子系统以及智能交通安全监控子系统等。这些子系统之间相互关联、协同工作，共同构成了智能交通系统的整体框架。

（1）智能交通控制子系统。智能交通控制子系统是智能交通系统的核心部分之一。它主要负责实时采集交通数据、分析交通状况、调整交通信号控制方案等。通过先进的传感器技术和数据分析算法，智能交通控制子系统能够实时掌握交通流量、车速、拥堵状况等信息，并根据这些信息自动调整交通信号灯的配时方案，优化交通流。同时，智能交通控制子系统还能够与智能公共交通子系统、智能车辆导航子系统等其他子系统协同工作，实现交通信息的共享和联动控制，提高交通管理的智能化水平。

（2）智能公共交通子系统。智能公共交通子系统主要负责公共交通的调度和管理。通过大数据分析和人工智能技术，智能公共交通子系统可以实时掌握公交车的运行状态、乘客的出行需求等信息，并根据这些信息优化公交线路和班次安排，提高公交服务的效率和便捷性。同时，智能公共交通子系统还可以与智能车辆导航子系统等其他子系统协同工作，为乘客提供实时的公交到站信息、换乘方案等出行服务。

（3）智能车辆导航子系统。智能车辆导航子系统主要负责为驾驶者提供实时的路况信息和导航服务。通过采集和分析交通数据，智能车辆导航子系统可以实时掌握道路拥堵状况、施工信息、交通事故等信息，并根据这些信息为驾驶者提供最优的行驶路线和导航方案。同时，智能车辆导航子系统还可以与智能停车管理子系统等其他子系统协同工作，为驾驶者提供实时的停车位信息和停车导航服务。

（4）智能停车管理子系统。智能停车管理子系统主要负责停车场的智能化管理和服务。通过物联网技术和数据分析算法，智能停车管理子系统可以实时监测停车场的停车位使用情况、车辆进出情况等信息，并根据这些信息为驾驶者提供实时的停车位信息和停车导航服务。同时，智能停车管理子系统还可以通过数据分析技术预测停车需求的变化趋势，为停车场的管理和规划提供科学依据。

（5）智能交通安全监控子系统。智能交通安全监控子系统主要负责交通安全的监测和预警。通过先进的监控技术和数据分析算法，智能交通安全监控子系统可以实时监测交通状况、发现交通安全隐患、预警交通事故等。同时，智能交通安全监控子系统还可以与智能交通控制子系统等其他子系统协同工作，实现交通信息的共享和联动控制，提高交通管理的安全性和可靠性。

智能交通系统的关键在于其信息技术的集成和应用。大数据、云计算、物联网、人工智能等先进技术的快速发展为智能交通系统提供了强大的技术支撑。这些技术的应用使得智能交通系统能够实现更加精准、高效的管理和服务。同时，这些技术也推动了智能交通系统的不断创新和发展。未来，随着技术的不断进步和应用领域的不断拓展，智能交通系统将在城市交通管理中发挥更加重要的作用，为人们的出行提供更加便捷、高效的服务。

4. 自动识别技术的分类

自动识别技术，作为智能交通系统的重要组成部分，通过机器自动识别和解析信息，极大地提升了交通管理的效率和准确性。这类技术主要可以分为以下几类：

（1）条形码技术。条形码技术是最早被广泛应用的自动识别技术之一。它通过特定的条形和空白组合来表示信息，这些信息可以被条形码扫描器快速读取。条形码技术具有成本低、易于制作和读取的特点，因此在物流、仓储等领域得到了广泛应用。在交通管理中，条形码技术常被用于车辆管理，如车辆年检标签、停车收费凭证等。

（2）二维码技术。二维码技术是在条形码技术基础上发展而来的，能够存储更多的信息。二维码以特定的几何图形按一定规律在平面（二维方向上）分布的黑白相间的矩形方阵记录数据符号信息，通过图像输入设备或光电扫描设备自动识读以实现信息自动处理。在交通管理中，二维码技术被广泛应用于电子支付、车辆识别、票务管理等方面，如高速公路收费站的电子不停车收费（Electronic Toll Collection，ETC）系统就采用了二维码技术。

（3）射频识别（Radio Frequency Identification，RFID）技术。射频识别技术是一种非接触式的自动识别技术，它通过射频信号自动识别目标对象并获取相关数据。RFID技术具有识别速度快、识别距离远、数据存储量大等优点，因此在交通管理中得到了广泛应用。例如，在车辆管理系统中，RFID技术可以用于车辆身份识别、车辆跟踪和定位等方面。

（4）生物识别技术。生物识别技术是通过分析生物体的生理特征或行为特征来进行身份识别的技术。在交通管理中，生物识别技术主要应用于驾驶员身份识别、酒驾检测等方面。常见的生物识别技术包括指纹识别、面部识别、虹膜识别等。这些技术具有高度的准确性和可靠性，能够有效防止身份冒用和欺诈行为。

（5）图像识别技术。图像识别技术是通过分析图像中的特征来进行识别和分类的技术。在交通管理中，图像识别技术被广泛应用于交通监控、车辆识别、交通违法行为检测等方面。例如，通过图像识别技术，可以自动识别交通违法行为，如闯红灯、逆行等，从而提高交通管理的效率和准确性。

5. 典型自动识别技术的比较

上述几种典型的自动识别技术各有优缺点，适用于不同的应用场景。以下是对这些技术的比较：

（1）条形码技术与二维码技术。条形码技术和二维码技术都具有成本低、易于制作和读取的特点。然而，条形码技术存储的信息量有限，且容易受到污染和损坏的影响。相比之下，二维码技术能够存储更多的信息，且具有较强的抗污染和抗损坏能力。因此，在需要存储大量信息或要求较高的抗污染和抗损坏能力的场景中，二维码技术更具优势。

（2）RFID 技术与条形码/二维码技术。RFID 技术具有识别速度快、识别距离远、数据存储量大等优点，且不受污染和损坏的影响。然而，RFID 技术的成本相对较高，且需要安装读写器和标签等设备。相比之下，条形码和二维码技术的成本较低，但识别速度和识别距离有限。因此，在需要快速、远距离识别且对成本要求不高的场景中，RFID 技术更具优势；而在成本敏感且对识别速度和距离要求不高的场景中，条形码和二维码技术更为适用。

（3）生物识别技术与图像识别技术。生物识别技术和图像识别技术都具有高度的准确性和可靠性。然而，生物识别技术需要采集生物体的生理特征或行为特征，可能涉及个人隐私和安全问题。相比之下，图像识别技术主要通过分析图像中的特征来进行识别和分类，不涉及个人隐私问题。因此，在需要高度准确性和可靠性的场景中，如驾驶员身份识别和酒驾检测等，生物识别技术更具优势；而在需要保护个人隐私的场景中，图像识别技术更为适用。

6. 自动识别技术在智能交通中的应用

自动识别技术在智能交通中的应用非常广泛，涵盖了车辆管理、交通监控、电子支付等多个方面。以下是对这些应用的详细介绍：

（1）车辆管理。在车辆管理中，自动识别技术被广泛应用于车辆身份识别、车辆跟踪和定位等方面。例如，通过 RFID 技术，可以实现对车辆的实时跟踪和定位，从而帮助交通管理部门更好地掌握车辆的运行情况。同时，通过图像识别技术，可以自动识别车辆的品牌、型号等信息，为车辆管理提供数据支持。此外，通过条形码或二维码技术，还可以实现车辆年检标签、停车收费凭证等信息的快速识别和读取，如图 5-9 所示。

图 5-9 自动识别技术在智能交通中的应用

(2)交通监控。在交通监控中，自动识别技术被用于交通违法行为检测、交通流量统计等方面。例如，通过图像识别技术，可以自动识别闯红灯、逆行等交通违法行为，并实时记录违法行为信息。同时，通过 RFID 技术或图像识别技术，还可以实现对交通流量的实时监测和统计，为交通管理部门提供决策支持。

(3)电子支付。在电子支付方面，自动识别技术被广泛应用于高速公路收费站的 ETC 系统、停车场的电子支付系统等方面。例如，在 ETC 系统中，通过 RFID 技术可以实现对车辆的快速识别和收费，从而提高高速公路的通行效率。在停车场的电子支付系统中，通过二维码技术可以实现对停车费用的快速支付和结算。

(4)公共交通管理。在公共交通管理中，自动识别技术也被广泛应用。例如，在公交车的自动售票系统中，通过条形码或二维码技术可以实现对车票的快速识别和售票。在地铁的自动检票系统中，通过 RFID 技术可以实现对乘客的快速检票和进出站管理。这些应用不仅提高了公共交通的运营效率和服务质量，还方便了乘客的出行。

(5)智慧停车。智慧停车是自动识别技术在智能交通中的又一重要应用。通过 RFID 技术或图像识别技术，可以实现对停车场的智能化管理。例如，通过 RFID 技术可以实现对车辆的快速识别和定位，从而帮助车主快速找到停车位。同时，通过图像识别技术可以实现对停车费用的自动计算和结算。这些应用不仅提高了停车场的运营效率和管理水平，还为车主提供了更加便捷、高效的停车体验。

(6)交通安全预警。自动识别技术还可以用于交通安全预警。例如，通过图像识别技术可以实时监测道路状况、车辆行驶状态等信息，并根据这些信息对潜在的交通安全隐患进行预警。同时，通过 RFID 技术可以实现对车辆的实时跟踪和定位，从而及时发现并处理交通事故等紧急情况。这些应用有助于降低交通事故的发生率，提高道路通行的安全性。

自动识别技术在智能交通中的应用非常广泛且重要。这些技术的应用不仅提高了交通管理的效率和准确性，还为人们的出行提供了更加便捷、高效的服务。随着技术的不断进步和应用领域的不断拓展，自动识别技术将在智能交通中发挥更加重要的作用。

7. 自动驾驶技术的核心技术

自动驾驶技术是一个涉及多个方面的综合领域，其核心技术主要包括以下几个方面：

(1)感知技术。感知技术是自动驾驶的基础，主要通过使用各种传感器（如雷达、摄像头、激光雷达、超声波传感器等）来感知周围环境，包括道路、车辆、行人、交通标志等。这些传感器收集的数据经过处理和算法分析，生成车辆周围环境的数字化表示，为自动驾驶系统作出决策提供有关环境信息。

(2)决策与规划技术。决策与规划技术基于感知结果，根据道路交通规则和行驶策略，决定车辆的行驶路径、时机和速度等。这项技术需要通过复杂的算法来解决车辆的路径规划、交通流预测、障碍物避让等问题,确保自动驾驶车辆能够在复杂的交通环境中安全行驶。

(3)控制与执行技术。控制与执行技术是将决策结果转化为具体的车辆控制动作的过程。通过电子控制单元(Electrical Control Unit,ECU)和执行器,控制车辆的加速、制动、转向等行驶动作。这项技术需要实现精确而灵敏的车辆控制,确保自动驾驶车辆按照决策结果进行准确的行驶操作。

(4)定位与地图技术。定位与地图技术是自动驾驶车辆在行驶过程中准确感知自身位置和环境的关键。通过使用全球定位系统(Global Positioning System,GPS)以及高精度的地图数据,结合传感器数据,提供车辆在地图上的准确位置信息。这项技术可以帮助自动驾驶车辆实现精确定位和地图匹配,为决策和规划提供更准确的参考。

(5)人工智能算法。人工智能算法在自动驾驶技术中扮演着至关重要的角色。它可以帮助自动驾驶车辆进行数据处理、模式识别和决策。这包括计算机视觉、机器学习、深度学习等技术,通过这些方法,汽车可以识别道路标志、行人、车辆等物体,并预测它们的行为。人工智能算法的不断优化和提升,将显著提高自动驾驶系统的智能化水平和安全性。

(6)车辆通信技术。车辆通信技术是自动驾驶汽车与其他车辆和基础设施进行通信的关键。车辆之间的通信技术(Vehicle-to-Vehicle,V2V)和车辆与基础设施之间的通信技术(Vehicle-to-Infrastructure,V2I)是实现这一目标的关键。通过这些通信技术,自动驾驶汽车可以获取实时的交通信息和路况数据,从而更好地进行路径规划和避让障碍物。

(7)人机交互与安全技术。自动驾驶车辆需要与乘客进行有效的交互,并确保乘客的安全与舒适。人机交互技术包括智能语音识别、手势识别等交互方式,让乘客可以与自动驾驶系统进行沟通和指令传达。安全技术则包括实时监控和故障检测,通过传感器和算法监测车辆状态、传感器性能以及系统运行,及时响应异常情况,保障车辆和乘客的安全。

8. 智能化网络在自动驾驶中的应用

自动驾驶技术作为智能交通系统的重要组成部分,正逐渐改变着人们的出行方式。智能化网络在自动驾驶中的应用,不仅提升了自动驾驶的可靠性和安全性,还为其提供了更广阔的发展前景,如图5-10所示。以下将详细介绍智能化网络在自动驾驶中的具体应用。

(1)实时数据传输与共享。智能化网络为自动驾驶车辆提供了高速、低延迟的数据传输通道。通过这一网络,车辆可以实时地将感知到的交通环境数据(如道路状况、行人动态、其他车辆信息等)上传至云端或车辆间进行共享。这些数据经过智能分析后,可以生成更精确的行驶决策,从而提高自动驾驶的准确性和安全性。

(2)高精度地图更新与维护。自动驾驶依赖于高精度地图进行路径规划和导航。智能化网络使得高精度地图能够实时更新,包括道路变化、施工信息、交通标志更新等。自动驾驶车辆通过连接网络,可以获取到最新、最准确的地图信息,从而避免因地图信息滞后而导致的导航错误或安全隐患。

图 5-10　智能化网络在自动驾驶中的应用

（3）协同自动驾驶。智能化网络使得车辆之间可以实现协同自动驾驶。通过车辆间通信和车辆与基础设施间通信，自动驾驶车辆可以实时了解周围车辆和基础设施的状态，从而作出更加智能的行驶决策。例如，在交叉路口，车辆可以通过网络协商通行顺序，避免碰撞和拥堵；在高速公路上，车辆可以形成编队行驶，提高道路通行效率。

（4）远程监控与故障诊断。自动驾驶车辆通过智能化网络连接到云端监控平台，可以实现对车辆的远程监控和故障诊断。当车辆出现故障或异常时，云端监控平台可以迅速发现并发出警报，同时提供故障诊断和修复建议。这有助于降低自动驾驶车辆的故障率，提高行驶安全性。

（5）支持自动驾驶的创新服务。智能化网络还为自动驾驶提供了丰富的创新服务。例如，通过连接车联网平台，自动驾驶车辆可以为用户提供实时路况信息、周边服务设施推荐、智能停车导航等增值服务。此外，智能化网络还可以支持自动驾驶车辆的远程召唤、自动充电等功能，进一步提升用户的出行体验。

（6）提升自动驾驶的安全性。智能化网络通过实时数据传输、高精度地图更新、协同自动驾驶等功能，为自动驾驶提供了强大的安全支持。例如，通过车辆间通信，自动驾驶车辆可以实时了解周围车辆的状态和意图，从而提前采取避让措施；通过连接车联网平台，自动驾驶车辆可以获取到实时的交通事故和道路封闭信息，从而选择更加安全的行驶路线。

5.2.5　智能化网络在电网的应用

1. 智能电网远程抄表系统的组成

智能电网远程抄表系统是现代电力系统中不可或缺的一部分，它利用先进的技术手段实现了对电力用户用电量的远程监测、计量和记录。这一系统主要由以下几个关键部分组成：

（1）智能电表。智能电表是智能电网远程抄表系统的核心设备。它不仅能够准确测量用户的用电量，还能够存储和传输用电数据。与传统电表相比，智能电表具有更高的精度和更丰富的功能。它能够实时监测电力负荷、电压、电流等参数，并将这些数据通过通信模块传输到数据中心。

（2）数据采集器。数据采集器是连接智能电表和通信网络的桥梁。它负责从智能电表中读取用电数据，并将其转换为适合通信网络传输的格式。数据采集器通常具有多个通信接口，可以同时与多个智能电表进行通信，提高了数据采集的效率和可靠性。

（3）通信模块。通信模块是智能电网远程抄表系统中实现数据传输的关键部分。它负责将数据采集器收集的用电数据通过有线或无线方式传输到数据中心。通信模块的选择取决于具体的应用场景和传输需求。在有线传输方式中，通信模块通常采用光纤、以太网等技术；在无线传输方式中，则可能采用 GPRS、3G/4G、LoRa、NB-IoT 等无线通信技术。

（4）云端服务器。云端服务器是智能电网远程抄表系统的数据存储和处理中心。它接收来自通信模块的用电数据，并进行存储、分析和处理。云端服务器通常具有强大的数据处理能力和丰富的数据存储资源，能够满足大规模用电数据的实时处理需求。同时，云端服务器还提供了一系列数据查询、分析和报表功能，方便用户随时了解用电情况。

（5）客户端。客户端是用户与智能电网远程抄表系统进行交互的接口。它提供了友好的用户界面和丰富的功能选项，使用户能够方便地查看用电数据、进行电费结算、设置用电计划等。客户端通常支持多种终端设备，如计算机、手机、平板电脑等，方便用户随时随地访问系统。

智能电网远程抄表系统的各个部分紧密协作，共同实现了对电力用户用电量的远程监测、计量和记录。这一系统的应用不仅提高了电力计量的准确性和可靠性，还降低了人工抄表的成本和风险。同时，它还为电力用户提供了更加便捷、高效的用电服务，促进了电力行业的智能化和可持续发展。

2. 有线传输技术的特点

有线传输技术作为智能电网远程抄表系统中数据传输的重要方式之一，具有许多显著的特点和优势。以下是对有线传输技术特点的详细分析：

（1）高速度和带宽。有线传输技术通常能够提供较高的数据传输速度和带宽。这是因为有线传输介质（如光纤、同轴电缆等）具有较低的衰减和干扰特性，能够支持高速数据传输。在智能电网远程抄表系统中，高速度和带宽的传输特性使得用电数据能够实时、准确地传输到数据中心，提高了系统的实时性和可靠性。

（2）稳定性和可靠性。有线传输技术的稳定性和可靠性也是其显著特点之一。由于有线传输介质是物理连接的,因此数据传输过程中的衰减和干扰较少,保证了数据传输的稳定性和可靠性。在智能电网远程抄表系统中,稳定和可靠的传输特性对于确保用电数据的准确性和完整性至关重要。同时,有线传输技术还能够抵抗电磁干扰和天气因素的影响,提高了系统的抗灾能力和稳定性。

(3)长距离传输。有线传输技术能够支持长距离的数据传输。这是因为有线传输介质(如光纤)具有较低的衰减特性,能够在长距离内保持信号的清晰度和强度。在智能电网远程抄表系统中,长距离传输的特性使得用电数据能够跨越较远的距离传输到数据中心,实现了对电力用户用电量的远程监测和管理。

(4)安全性和保密性。有线传输技术在数据传输过程中具有较高的安全性和保密性。由于有线传输介质是物理连接的,因此数据传输过程中不容易被窃取或篡改。同时,有线传输技术还可以采用加密等安全措施来进一步提高数据传输的安全性。在智能电网远程抄表系统中,高安全性和保密性的传输特性对于保护用电数据的隐私和安全性具有重要意义。

(5)成本和维护。虽然有线传输技术的初期投资可能较大(如铺设电缆、光纤等),但长期使用过程中成本较低。这是因为有线传输介质的使用寿命较长,不需要频繁更换或维修。同时,有线传输技术的稳定性和可靠性也降低了系统的维护成本。然而,需要注意的是,在复杂地形或偏远地区铺设有线传输介质可能面临较大的挑战和成本。因此,在选择有线传输技术时,需要综合考虑具体的应用场景和成本效益。

有线传输技术在智能电网远程抄表系统中具有许多显著的特点和优势。这些特点和优势使得有线传输技术成为智能电网远程抄表系统中数据传输的重要方式之一。同时,随着技术的不断进步和应用场景的不断拓展,有线传输技术将在智能电网远程抄表系统中发挥更加重要的作用。

3. 无线传感器网络的关键技术

无线传感器网络作为智能电网远程抄表系统中重要的监测手段之一,具有许多独特的技术特点和优势。以下是对无线传感器网络关键技术的详细分析:

(1)网络拓扑控制。网络拓扑控制是无线传感器网络中的一项关键技术。由于无线传感器网络具有自组织的特性,因此需要通过网络拓扑控制来优化网络的性能和寿命。网络拓扑控制主要包括节点功率控制和层次型拓扑控制两种方式。节点功率控制通过调整节点的发射功率来减少能量消耗和干扰;层次型拓扑控制则通过分簇机制将节点组织成不同的簇,每个簇内的节点通过簇头进行数据转发,从而提高了网络的效率和可扩展性。

(2)网络协议。网络协议是无线传感器网络中实现数据传输和交互的基础。由于无线传感器网络具有资源受限、节点数量众多等特点,因此需要设计高效、可靠的网络协议来支持数据传输和交互。网络协议主要包括网络层路由协议和数据链路层 MAC 协议。网络层路由协议负责确定数据传输的路径和方式,以提高网络的效率和可靠性;数据链路层 MAC 协议则负责控制节点的通信和工作状态,以确保数据的正确发送和接收。

(3)定位技术。定位技术是无线传感器网络中的一项重要技术。由于无线传感器网络中的节点通常具有移动性和不确定性,因此需要通过定位技术来确定节点的位置信息。定位技术主要包括基于距离的定位和距离无关的定位两种方式。基于距离的定位通过测量节点之间的距离来确定节点的位置;距离无关的定位则通过节点之间的相对位置关系来确定节点的位置。在智能电网远程抄表系统中,定位技术可以用于确定电力设备的位置信息,从而实现对电力设备的远程监测和管理。

(4)数据管理技术。数据管理是无线传感器网络中的一项重要任务。由于无线传感器网络中的节点数量众多且分布广泛,因此需要设计高效的数据管理策略来存储、处理和查询数据。数据管理策略主要包括集中式、半分布式、分布式和层次式结构等方式。在智能电网远程抄表系统中,数据管理可以用于存储和处理用电数据,提供数据查询、分析和报表等功能,从而方便用户随时了解用电情况。

(5)网络安全机制。网络安全机制是无线传感器网络中的一项重要保障。由于无线传感器网络中的节点通常具有资源受限、易受攻击等特点,因此需要设计有效的网络安全机制来保护网络的安全性和可靠性。网络安全机制主要包括加密技术、认证技术和入侵检测技术等。加密技术可以保护数据的机密性和完整性;认证技术可以确保节点的身份和权限;入侵检测技术则可以及时发现并处理网络中的恶意攻击和异常行为。在智能电网远程抄表系统中,网络安全机制可以保护用电数据的隐私和安全性,防止数据被窃取或篡改。

无线传感器网络中的关键技术包括网络拓扑控制、网络协议、定位技术、数据管理技术和网络安全机制等。这些关键技术的应用和发展对于推动智能电网远程抄表系统的智能化和可持续发展具有重要意义。同时,随着技术的不断进步和应用场景的不断拓展,无线传感器网络将在智能电网远程抄表系统中发挥更加重要的作用,如图 5-11 所示。

4. 有线、无线传输技术在智能化网络电网中的应用

在智能化网络电网中,有线和无线传输技术各自发挥着重要的作用,共同推动了电网的智能化和可持续发展。以下是对有线和无线传输技术在智能化网络电网中应用的详细分析。

(1)有线传输技术的应用。在智能化网络电网中,有线传输技术主要应用于以下几个方面:

数据传输。有线传输技术能够提供高速、稳定的数据传输通道,支持大规模用电数据的实时传输和处理。通过铺设光纤、以太网等有线传输介质,可以将智能电表采集的用电数据实时传输到数据中心,为电网的智能化管理提供数据支持。

远程监控。有线传输技术还可以用于实现电网设备的远程监控和管理。通过有线传输介质将监控数据实时传输到远程监控中心,可以实现对电网设备的实时监控和故障预警,提高电网的运行效率和安全性。

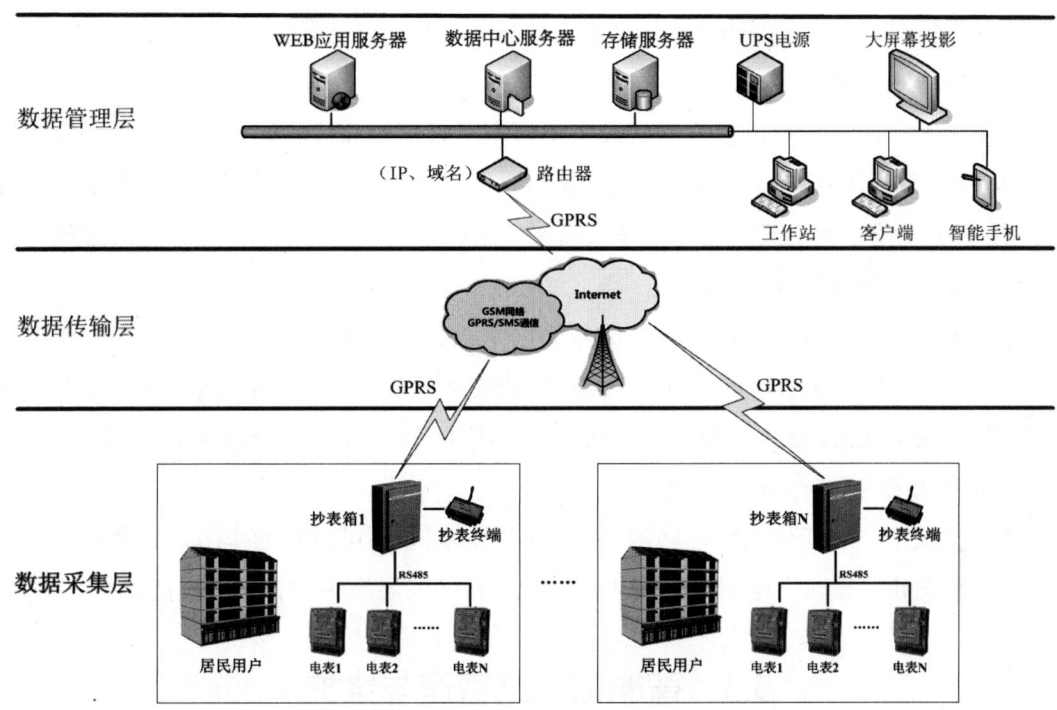

图 5-11 居民小区电表远程集中抄表系统

电力调度。在电力调度过程中，有线传输技术可以提供可靠的通信通道，支持调度指令的实时传输和执行。通过有线传输介质将调度指令传输到各个电力设备，可以实现对电力负荷的精确控制和优化调度，提高电网的稳定性和可靠性。

（2）无线传输技术的应用。在智能化网络电网中，无线传输技术同样发挥着重要的作用。无线传输技术主要应用于以下几个方面：

远程抄表。无线传输技术可以实现智能电表的远程抄表功能。通过无线通信技术将智能电表采集的用电数据实时传输到数据中心，可以实现对电力用户用电量的远程监测和管理，降低人工抄表的成本和风险。

故障监测与预警。无线传输技术还可以用于实现电网设备的故障监测与预警功能。通过在电网设备上安装传感器和无线通信模块，可以实时监测设备的运行状态和故障情况，并通过无线通信技术将故障信息传输到远程监控中心，以便及时采取措施进行处理。

分布式能源管理。在分布式能源系统中，无线传输技术可以实现各个分布式能源单元之间的信息共享和协调控制。通过无线通信技术将各个分布式能源单元的运行数据实时传输到数据中心，可以实现对分布式能源系统的优化调度和管理，提高能源利用效率。

移动巡检。无线传输技术在智能化网络电网的移动巡检中扮演着至关重要的角色。巡检人员可以利用配备无线通信功能的手持设备或移动设备，实时记录和上传巡检过程中发现的任何问题或异常情况。这些设备通过无线网络与数据中心相连，使得巡检数据能够即时同步，为管理人员提供即时的电网状态反馈。

具体来说，巡检人员可以通过手持设备拍摄电网设备的照片、记录设备参数、输入巡检日志等信息，并通过无线传输技术将这些数据即时发送到数据中心。数据中心接收到这些数据后，可以立即进行分析和处理，帮助管理人员快速了解电网设备的运行状态，及时发现潜在的安全隐患，并采取相应的维护措施。

此外，无线传输技术还支持巡检人员与数据中心之间的双向通信。如果巡检人员在巡检过程中遇到问题或需要进一步的指导，他们可以通过手持设备与数据中心取得联系，获取实时的技术支持和决策建议。这种实时的双向通信能力不仅提高了巡检的效率和准确性，还有助于提升整个电网系统的安全性和可靠性。

无线传输技术在智能化网络电网的移动巡检中发挥着不可或缺的作用，它使得巡检过程更加高效、准确和可靠，为电网的智能化管理和可持续发展提供了有力的支持。

5.3　智能化网络管理与维护

5.3.1　智能化网络管理的概念

智能化网络管理强调通过网络自动化、智能化工具与平台，实现网络状态监控、故障诊断、性能评估与资源调度的自动化与智能化，并运用先进的信息技术手段，对网络系统进行全面、高效、自动化的监控、配置、优化和故障排除的过程。融合了人工智能、大数据分析、机器学习等前沿技术，旨在提升网络管理的效率、准确性和响应速度，确保网络系统的稳定运行和持续优化。

1. 定义与特点

智能化网络管理是对传统网络管理模式的升级和扩展，其核心在于利用智能化工具和算法对网络进行全面监控和智能决策。其特点主要如下：

自动化：通过预设的规则和算法，实现网络设备的自动配置、状态监控和故障处理，减少人工干预。

实时性：利用实时数据采集和分析技术，及时发现网络异常和潜在风险，提高响应速度。

智能化：借助人工智能和机器学习技术，对网络数据进行深度分析，预测网络行为，优化网络性能。

可扩展性：支持多种网络设备和协议，能够适应不断变化的网络环境，满足未来网络扩展的需求。

2. 智能化网络管理的关键要素

实现智能化网络管理需要以下几个关键要素：

数据采集与监控：通过网络传感器、日志收集器等工具，实时采集网络设备的状态信息、流量数据等，为智能化分析提供基础数据。

数据分析与预测：利用大数据分析技术和机器学习算法，对网络数据进行深度挖掘和分析，识别网络行为模式，预测网络性能变化。

智能决策与优化：基于分析结果，利用智能算法和规则引擎，自动生成网络配置、优化策略和故障排除方案，实现网络的智能化管理。

可视化与交互：通过图形化界面和交互工具，将网络状态、分析结果和优化方案以直观的方式呈现给用户，提高管理效率和用户体验。

3. 智能化网络管理的优势

智能化网络管理相比传统网络管理具有以下几个显著的优势：

管理效率更高：自动化和智能化的管理手段减少了人工干预，提高了管理效率。

运营成本更低：通过智能预测和优化，减少网络故障和性能下降带来的损失，降低运营成本。

网络稳定性更好：实时监控和快速响应机制有助于及时发现和处理网络问题，提升网络稳定性。

安全性更强：智能化网络管理能够识别潜在的安全威胁，并采取相应措施进行防范和应对。

5.3.2 智能化网络维护的策略

智能化网络维护需要掌握一套有效的维护策略，包括但不限于基于数据的预防性维护、智能故障排查与恢复流程、网络性能的持续优化策略，以确保网络运行的高稳定性和可靠性。具体是指在网络运行过程中，通过智能化的手段和方法，对网络设备进行维护、保养和升级，确保网络系统的正常运行和持续优化。以下是一些智能化网络维护的策略。

1. 预防性维护

预防性维护是通过定期检查、测试和预测，提前发现并解决网络潜在问题的一种维护策略。智能化网络维护中，预防性维护通常包括以下几个方面：

设备状态监测：利用传感器和智能分析工具，实时监测网络设备的运行状态，包括温度、湿度、电压等参数，及时发现异常并采取措施。

性能预测与优化：通过分析历史数据和当前网络状态，利用机器学习算法预测网络性能变化趋势，提前调整网络配置和优化资源分配。

定期巡检与测试：制订定期巡检计划，对网络设备进行全面的检查和测试，确保设备正常运行。同时，利用自动化测试工具提高测试效率和准确性。

2. 自动化维护

自动化维护是指通过自动化工具和流程，实现网络维护的自动化和智能化。这包括自动配置、自动修复、自动备份和恢复等功能。智能化网络维护中，自动化维护的策略如下：

自动配置与更新：利用自动化配置工具，根据预设的规则和策略，对网络设备进行自动配置和更新，减少人工干预。

自动修复与恢复：通过自动化修复工具和流程，快速定位和修复网络故障，使网络恢复正常运行。同时，利用备份和恢复机制，确保网络数据的完整性和可用性。

智能告警与处理：利用智能告警系统，实时监测网络状态，当发现异常时自动触发告警并生成处理建议。同时，通过自动化处理流程，快速响应和处理告警事件。

3. 数据驱动维护

数据驱动维护是指通过收集和分析网络数据，发现网络问题的根源并采取相应的维护措施。智能化网络维护中，数据驱动维护的策略如下：

数据收集与整合：利用数据采集工具，全面收集网络设备的状态信息、日志数据等，并进行整合和分析。

数据分析与挖掘：利用大数据分析和机器学习算法，对网络数据进行深度挖掘和分析，发现网络问题的模式和规律。

智能决策与优化：基于分析结果，利用智能算法和规则引擎，自动生成维护决策和优化方案，指导网络维护工作的实施。

4. 协同维护

协同维护是指通过多个部门、多个系统之间的协同合作，实现网络维护的高效和协同。智能化网络维护中，协同维护的策略如下：

跨部门协同：建立跨部门的协作机制，确保不同部门之间的信息共享和协同工作，提高维护效率。

跨系统协同：通过接口和协议，实现不同系统之间的数据交换和协同工作，确保网络维护的全面性和一致性。

用户参与：鼓励用户参与网络维护工作，通过用户反馈和意见收集，及时发现和解决问题，提高网络维护的满意度和效果。

5. 持续优化

持续优化是指通过不断的学习和改进，提升网络维护的水平和效率。智能化网络维护中，持续优化的策略如下：

反馈与改进：建立反馈机制，收集用户、运维人员和其他利益相关者的意见和建议，不断改进网络维护的流程和工具。

学习与培训：组织运维人员参加培训和学习活动，提升他们的专业技能和知识水平，提高网络维护的质量和效率。

技术创新与应用：关注最新的技术发展和创新应用，不断引入新的技术和工具，提升网络维护的智能化和自动化水平。

5.3.3 智能化网络故障诊断

智能化网络故障诊断是指利用智能化技术和工具，对网络故障进行快速、准确诊断和定位的过程。它融合了人工智能、大数据分析、机器学习等前沿技术，旨在提高网络故障诊断的效率和准确性，降低故障恢复时间和成本。

1. 智能化网络故障诊断的关键技术

（1）数据采集与预处理。数据采集与预处理是智能化网络故障诊断的基础。通过网络传感器、日志收集器等工具，实时采集网络设备的状态信息、流量数据等，并进行预处理和清洗，为后续的故障诊断提供准确的数据支持。

（2）特征提取与选择。特征提取与选择是智能化网络故障诊断的重要环节。通过对采集到的数据进行特征提取和选择，提取出与故障相关的关键特征，为后续的诊断算法提供有效的输入。特征提取的方法包括统计特征提取、频域特征提取、时域特征提取等；特征选择的方法包括基于相关性分析的特征选择、基于信息增益的特征选择等。

（3）故障诊断算法。故障诊断算法是智能化网络故障诊断的核心。基于提取的特征，利用机器学习算法、深度学习算法等，对网络故障进行快速、准确的诊断和定位。常见的故障诊断算法包括支持向量机、神经网络、决策树、随机森林等。这些算法可以根据不同的应用场景和需求进行选择和优化。

（4）可视化与交互。可视化与交互是智能化网络故障诊断的重要补充。通过图形化界面和交互工具，将故障诊断的结果以直观的方式呈现给用户，并提供交互式查询和分析功能，帮助用户更好地理解故障情况，制订相应的故障处理方案。

2. 智能化网络故障诊断的步骤

智能化网络故障诊断通常包括以下几个阶段：

（1）数据收集与预处理阶段。在这一阶段，通过网络传感器、日志收集器等工具，实时采集网络设备的状态信息、流量数据等，并进行预处理和清洗。数据预处理的方法包括数据去噪、数据归一化、数据降维等，以确保后续诊断算法的准确性和效率。

（2）特征提取与选择阶段。在这一阶段，对预处理后的数据进行特征提取和选择。根据网络故障的特点和需求，选择合适的特征提取方法和特征选择方法，提取出与故障相关的关键特征。特征提取和选择的结果将作为后续诊断算法的输入。

（3）故障诊断算法选择与优化阶段。在这一阶段，根据应用场景和需求，选择合适的故障诊断算法，并进行优化和调整。通过对算法参数、模型结构等进行优化，提高故障诊断的准确性和效率。同时，利用交叉验证、网格搜索等方法，对算法进行性能评估和比较，选择最优的故障诊断算法。

（4）故障诊断与定位阶段。在这一阶段，利用选定的故障诊断算法，对采集到的数据进行实时诊断和分析。根据算法的输出结果，快速、准确地定位和识别网络故障的类型和位置。同时，利用可视化工具将诊断结果以直观的方式呈现给用户，帮助用户更好地理解故障情况。

（5）故障处理与恢复阶段。在这一阶段，根据故障诊断的结果，制订相应的故障处理方案，并进行故障处理和恢复工作。故障处理的方法包括重启设备、更换硬件、修复软件等。同时，利用备份和恢复机制，确保网络数据的完整性和可用性。在故障处理完成后，对故障进行记录和分析，总结经验教训，为未来的网络维护工作提供参考。

3. 智能化网络故障诊断的应用场景

智能化网络故障诊断广泛应用于各种网络场景中，包括企业网络、数据中心网络、云计算网络等。以下是一些典型的应用场景：

（1）企业网络。在企业网络中，智能化网络故障诊断工具是运维人员不可或缺的。它能够实时监控网络设备的状态信息和流量数据，帮助运维人员及时发现网络中的异常和潜在风险。一旦出现故障，智能化诊断系统能够迅速定位故障点，提供准确的故障类型和位置信息，从而大大缩短故障排查和修复的时间。这不仅提高了网络的稳定性和可用性，还减少了因网络故障带来的业务中断和损失。

此外，智能化网络故障诊断还能根据历史数据和当前网络状态预测未来可能出现的网络问题，并提前制定预防措施。这种前瞻性的管理方式有助于企业更好地应对网络挑战，确保业务的连续性和稳定性。

（2）数据中心网络。在数据中心网络中，智能化网络故障诊断同样发挥着重要作用。数据中心作为企业和机构的数据存储和处理中心，其网络的稳定性和可靠性至关重要。智能化诊断系统能够实时监测数据中心网络中的流量和负载情况，及时发现潜在的过载和瓶颈问题，并采取相应的优化措施。

同时，数据中心网络中的设备种类繁多，配置复杂，智能化诊断系统还能够自动化地收集和分析设备的配置信息和状态数据，帮助运维人员更好地理解和掌握网络结构，提高故障排查和处理的效率。

（3）云计算网络。在云计算网络中，智能化网络故障诊断更是不可或缺。云计算网络具有动态性、可扩展性和高可用性等特点，但也面临着更加复杂的网络环境和挑战。智能化诊断系统能够实时监测云计算网络中的虚拟机、容器和物理机的状态和性能，及时发现和处理网络故障和性能瓶颈。

此外，云计算网络中的安全威胁也层出不穷，智能化诊断系统还能够通过实时监测和分析网络流量和数据包，识别潜在的安全风险和攻击行为，及时采取相应的防御措施，确保云计算网络的安全性和稳定性。

（4）物联网网络。随着物联网技术的快速发展，物联网网络中的应用场景也越来越广泛。然而，物联网网络中的设备数量庞大、种类繁多，且往往分布在不同地域和环境中，这使得物联网网络的运维和管理变得非常复杂。智能化网络故障诊断能够帮助物联网网络运维人员实时监控网络设备的状态信息和流量数据，及时发现网络异常和潜在风险，提高网络的稳定性和可用性。同时，它还能够自动化地收集和分析设备的配置信息和状态数据，帮助运维人员更好地理解和掌握物联网网络的结构和特性，提高故障排查和处理的效率。

（5）运营商网络。在运营商网络中，智能化网络故障诊断也发挥着重要作用。运营商网络覆盖广泛，设备数量庞大，且承载着大量的数据传输和通信任务。智能化诊断系统能够实时监测运营商网络中的流量和负载情况，及时发现潜在的过载和瓶颈问题，并采取相应的优化措施。同时，它还能够对运营商网络中的故障进行快速定位和准确识别，提高故障排查和处理的效率，确保网络的稳定性和可靠性。

5.4 智能化网络的未来发展

随着技术的不断进步，智能化网络正经历着快速的技术演进，如 6G 网络的探索、物联网与边缘计算的深度融合、区块链技术在网络管理中的潜在应用等。学习中需紧跟技术前沿，探讨这些新兴技术如何推动网络智能化向更深层次发展，并思考其在未来网络架构设计、服务提供与运营模式上的创新可能。同时，面对智能化网络发展过程中的挑战，如数据安全与隐私保护、技术标准与法规的完善、技能人才的短缺等，需进行深入分析，并提出应对策略。此外，还需把握智能化网络带来的巨大机遇，如推动数字化转型、促进新业务模式的诞生，以及在全球竞争中占据先机。

5.4.1 智能化网络的技术演进

智能化网络的技术演进是一个不断融合与创新的过程，它融合了传统网络技术与人工智能、大数据、云计算等新兴技术，正逐步改变着信息传输、处理与应用的模式。随着技术的不断进步，智能化网络正经历着快速的技术迭代与升级。

1. 6G 网络的探索

6G 网络作为下一代通信技术，将带来比 5G 更高的带宽、更低的时延和更广泛的连接。在智能化网络中，6G 技术将发挥重要作用。它将支持更多的设备连接，实现更高效的数据传输和处理，为智能化网络提供强大的通信基础。同时，6G 网络还将引入新的通信技术和频段，如太赫兹通信和卫星通信，进一步拓展智能化网络的应用场景和覆盖范围。

在 6G 网络的发展中，智能化技术将起到关键作用。通过引入人工智能算法和机器学习技术，6G 网络将能够更智能地分配和管理网络资源，优化网络性能，提高用户体验。此外，6G 网络还将支持更高级别的网络安全和隐私保护，确保智能化网络的安全可靠运行。

2. 物联网与边缘计算的深度融合

物联网作为连接物理世界和数字世界的桥梁，在智能化网络中发挥着重要作用。随着物联网技术的不断发展，越来越多的设备将被连接到网络中，实现智能化管理和控制。而边缘计算作为一种分布式计算架构，将数据处理和存储移至网络边缘，减少了数据传输的延迟和带宽需求，提高了响应速度和效率。

在智能化网络中，物联网与边缘计算的深度融合将带来诸多优势。首先，通过边缘计算，物联网设备可以更快地处理和分析数据，实现更实时的智能化控制和管理。其次，边缘计算可以降低物联网设备的能耗和成本，提高设备的续航能力和使用寿命。最后，边缘计算还可以增强物联网设备的安全性和隐私保护能力，防止数据泄露和恶意攻击。

未来，随着物联网技术的不断发展和边缘计算技术的不断成熟，智能化网络将实现更广泛的物联网连接和更高效的边缘计算服务。这将为智慧城市、智能家居、智能制造等领域带来更多的创新应用和发展机遇。

3. 区块链技术在网络管理中的潜在应用

区块链技术作为一种分布式账本技术，具有去中心化、不可篡改和透明化等特点。在智能化网络中，区块链技术可以应用于网络管理、数据安全和隐私保护等方面。

首先，区块链技术可以用于网络管理的自动化和智能化。通过引入智能合约和自动化脚本，区块链可以实现网络资源的自动配置、故障检测和恢复等功能，降低网络管理的复杂性和成本。同时，区块链还可以提供网络设备的身份认证和访问控制功能，确保网络资源的安全可靠使用。

其次，区块链技术可以增强数据安全和隐私保护。通过加密技术和分布式存储方式，区块链可以保护数据的机密性和完整性，防止数据泄露和被篡改。此外，区块链还可以提供数据溯源和追踪功能，帮助用户追踪数据的来源和使用情况，确保数据的合法性和合规性。

未来，随着区块链技术的不断发展和完善，智能化网络将实现更高级别的数据安全和隐私保护。同时，区块链技术还可以与其他新兴技术（如人工智能、大数据等）相结合，共同推动智能化网络的技术演进和创新发展。

5.4.2 智能化网络的业务创新

智能化网络的业务创新是推动网络技术与产业发展的重要动力。随着智能化网络技术的不断发展和应用场景的不断拓展，越来越多的创新业务将涌现出来，为人们的生活和工作带来更多的便利和效率。

1. 智能家居与智慧城市

智能家居作为智能化网络的重要应用场景之一，已经逐渐渗透到人们的日常生活中。通过智能化网络，家居设备可以实现互联互通，实现智能化控制和管理。例如，通过智能手机或语音助手，用户可以远程控制家中的灯光、空调、窗帘等设备，甚至根据生活习惯和喜好设定自动化场景，如"离家模式"和"回家模式"。

智慧城市则是智能化网络在城市层面的应用。通过智能化网络，城市可以实现交通管理、环境监测、公共服务等方面的智能化升级。例如，智能交通系统可以实时监测交通流量和路况信息，优化交通信号控制和路线规划，提高交通运行效率和安全性。智能环境监测系统则可以实时监测空气质量、水质等环境指标，为城市环境保护和治理提供科学依据。

未来，随着智能化网络技术的不断发展和应用场景的不断拓展，智能家居和智慧城市将实现更广泛的连接和更深入的智能化控制。这将为人们的生活和工作带来更多的便利和效率，推动社会的可持续发展和进步。

2. 远程办公与在线教育

远程办公与在线教育作为智能化网络的重要应用场景，已经逐渐改变了人们的工作和学习方式。通过智能化网络，人们可以在家中或其他远程地点进行工作和学习，实现时间和空间的灵活安排。

远程办公通过智能化网络实现了文件共享、会议协作和沟通交流等功能，提高了工作效率和团队协作能力。在线教育则通过智能化网络提供了丰富的学习资源和个性化的学习体验，满足了不同学生的学习需求和兴趣。

未来，随着智能化网络技术的不断发展和应用场景的不断拓展，远程办公和在线教育将实现更高级别的互动性和个性化服务。例如，通过虚拟现实和增强现实技术，人们可以沉浸在虚拟的工作和学习环境中，获得更真实和丰富的体验。同时，智能化网络还可以根据用户的行为和偏好进行智能推荐和个性化定制，提高工作和学习的效率和满意度。

3. 智能制造与工业互联网

智能制造和工业互联网作为智能化网络在工业领域的应用，正在推动工业生产的智能化升级和数字化转型。通过智能化网络，工业设备可以实现互联互通和智能化控制，实现生产过程的自动化、智能化和可视化。

智能制造通过智能化网络实现了生产设备的远程监控、故障预警和智能调度等功能，提高了生产效率和产品质量。工业互联网则通过智能化网络连接了工业设备、生产线和供应链等各个环节，实现了生产数据的实时采集、分析和优化。

未来，随着智能化网络技术的不断发展和应用场景的不断拓展，智能制造和工业互联网将实现更广泛的连接和更深入的智能化控制。例如，通过引入人工智能算法和机器学习技术，智能制造可以实现更智能的生产计划和调度，提高生产效率和资源利用率。工业互联网则可以通过大数据分析和人工智能技术实现更精准的市场预测和供应链管理，降低生产成本和风险。

5.4.3 智能化网络的挑战与机遇

智能化网络的发展既面临着诸多挑战，也带来了前所未有的机遇。只有充分认识和应对这些挑战，才能抓住机遇，推动智能化网络的持续健康发展。

1. 数据安全与隐私保护

数据安全与隐私保护是智能化网络发展的重要挑战之一。随着智能化网络应用场景的不断拓展和数据量的不断增加，数据泄露和隐私侵犯的风险也在不断增加。因此，加强数据安全与隐私保护成为智能化网络发展的重要任务。

为了应对数据安全与隐私保护的挑战，智能化网络需要采取多种技术手段和管理措施。例如，通过加密技术和分布式存储方式保护数据的机密性和完整性；通过身份认证和访问控制功能确保网络资源的安全可靠使用；通过数据溯源和追踪功能帮助用户追踪数据的来源和使用情况。同时，智能化网络还需要加强法律法规的制定和执行，明确数据使用和保护的规范和标准，提高用户的数据安全意识和保护能力。

2. 技术标准与法规的完善

技术标准与法规的完善是智能化网络发展的重要保障。随着智能化网络技术的不断发展和应用场景的不断拓展，需要制定和完善相应的技术标准和法规来规范和管理智能化网络的发展和应用。

为了应对技术标准与法规的挑战，智能化网络需要积极参与国际和国内的技术标准和法规制定工作，推动智能化网络技术的标准化和规范化发展。同时，智能化网络还需要加强与政府、行业组织和社会各界的沟通和合作，共同推动智能化网络技术的创新和应用发展。

3. 技能人才的短缺

技能人才的短缺是智能化网络发展的重要制约因素。随着智能化网络技术的不断发展和应用场景的不断拓展，需要越来越多的专业人才来支持智能化网络的建设和运营。然而，目前智能化网络领域的人才短缺问题日益突出，成为制约智能化网络发展的重要因素。

为了应对技能人才短缺的挑战，智能化网络需要采取多种措施来培养和吸引人才。例如，加大高校和科研机构的人才培养力度，推动产学研合作和人才培养模式的创新；加强职业培训和继续教育体系建设，提高在职人员的专业技能和素质；加强人才引进和激励机制建设，吸引更多的优秀人才投身智能化网络事业。

4. 智能化网络带来的机遇

尽管智能化网络的发展面临着诸多挑战，但它也带来了前所未有的机遇。智能化网络的发展将推动数字化转型和产业升级，促进新业务模式的诞生和发展，为全球经济和社会发展注入新的动力。

首先，智能化网络将推动数字化转型和产业升级。通过智能化网络技术的应用和推广，可以推动传统产业向数字化、智能化和高端化方向发展，提高生产效率和产品质量，降低生产成本和资源消耗。同时，智能化网络还可以催生新的产业和业态，如智能制造、智慧城市、远程医疗等领域，为经济发展注入新的活力。

其次，智能化网络将促进新业务模式的诞生和发展。通过智能化网络技术的应用和创新，可以推动传统业务模式的变革和创新，如电子商务、在线教育、远程办公等领域。同时，智能化网络还可以催生新的商业模式和服务模式，如共享经济、按需服务等，为用户提供更加便捷和个性化的服务体验。

最后，智能化网络将在全球竞争中占据先机。随着全球化和信息化的不断深入发展，智能化网络将成为国家竞争力的重要标志之一。通过加强智能化网络技术的研发和应用推广，可以提高国家的创新能力和竞争力，在全球竞争中占据先机。同时，智能化网络还可以加强国际合作和交流，推动全球经济的共同发展和繁荣。

综上所述，智能化网络的未来发展既面临着诸多挑战，也带来了前所未有的机遇。只有充分认识和应对这些挑战，才能抓住机遇，推动智能化网络的持续健康发展。

5.5 智能化网络应用案例

英伟达（NVIDIA）的 Spectrum-X 平台是一个高性能的以太网网络平台，旨在满足数据中心和企业网络日益增长的带宽和延迟需求。以下是对该平台的详细介绍。

5.5.1 平台概述

NVIDIA Spectrum-X 平台结合了 NVIDIA Spectrum 交换芯片、网络操作系统（NOS）以及一系列软件工具，以实现高吞吐量、低延迟和高度可扩展的网络架构。该平台专为 AI、机器学习、自然语言处理以及各种行业应用而设计，能够提供卓越的性能和能效。

5.5.2 核心组件

Spectrum 交换芯片。Spectrum 交换芯片采用先进的硅工艺，提供超高的交换容量和极低的延迟。这是 Spectrum-X 平台实现高性能和高能效的关键组件之一。

网络操作系统。Spectrum-X 平台使用基于开放标准的网络操作系统，如 Cumulus Linux，提供灵活的网络配置和管理功能。

网络管理软件。Spectrum-X 平台结合包括 NetQ 和 Mellanox NEO 等工具，提供全面的网络监控和自动化管理能力。这些工具可以实时监控网络状态，检测并解决网络问题，提高网络的可靠性和性能。

5.5.3 技术特性

高吞吐量。Spectrum-X 平台支持 100GbE、200GbE 和 400GbE 接口，能够提供高达数百太字节的交换容量。这确保了数据在平台上的高效传输和处理。

低延迟。通过优化交换芯片架构和软件堆栈，NVIDIA Spectrum-X 能够实现亚微秒级别的延迟。这对于需要快速数据传输和处理的应用场景（如金融交易和实时数据分析）尤为重要。

高可扩展性。Spectrum-X 平台支持大规模网络的构建，能够方便地扩展以满足不断增长的业务需求。其模块化设计允许灵活配置和部署，适应不同规模和需求的数据中心环境。

智能网络管理。借助 NetQ 和 Mellanox NEO 等工具，NVIDIA Spectrum-X 提供了全面的网络可视化和管理功能。这些功能使得网络管理员能够轻松地监控和管理网络状态，确保网络的稳定运行。

5.5.4 应用场景

高性能计算（High Performance Computing，HPC）。在高性能计算领域，网络的性能和可靠性直接影响计算任务的效率。NVIDIA Spectrum-X 以其高带宽和低延迟的特性，为 HPC 应用提供了坚实的网络基础，确保大规模计算节点之间的数据快速传输。

人工智能。人工智能训练和推理过程中，海量数据的传输和处理对网络提出了严苛的要求。NVIDIA Spectrum-X 的高性能网络能够加速 AI 模型的训练和部署，缩短 AI 开发周期，提升整体效率。

云计算和数据中心。现代云计算和数据中心需要灵活且可扩展的网络架构来应对多租户环境和动态工作负载。NVIDIA Spectrum-X 通过其高可扩展性和智能管理功能，为云计算平台和数据中心提供了强大的网络支持。

5.5.5 性能优势

AI 性能和能效提升。与传统以太网相比，NVIDIA Spectrum-X 平台可将 AI 性能和能效提升至 1.6 倍甚至更高。这得益于其先进的硬件设计和全面的软件支持。

端到端的全栈优化。Spectrum-X 平台在 NVIDIA 的所有软、硬件端到端平台上得到了全面优化和验证。这确保了平台在各种应用场景下的稳定性和可靠性。

开放网络操作系统。支持云规模的开放以太网堆栈（SONiC）和 Cumulus Linux 等开放网络操作系统提供了灵活的网络配置和管理选项。

习 题 5

一、选择题

1. 智能化网络的主要功能模块不包括（　　）。
   A．智能化网络监控　　　　　　B．智能化操作维护
   C．智能化市场服务　　　　　　D．智能化硬件制造

2. 以下不是智能化网络的关键技术的是（　　）。
   A．软件定义网络　　　　　　　B．网络功能虚拟化
   C．人工智能与机器学习　　　　D．传统网络布线技术

3. 在智能化网络中，数字孪生技术的主要作用（　　）。
   A．提高网络带宽　　　　　　　B．模拟和优化网络配置
   C．增加网络设备数量　　　　　D．提高网络的物理安全性

4. 智能化网络在交通管理中的应用不包括（　　）。
   A．智能交通控制　　　　　　　B．智能车辆导航
   C．智能停车管理　　　　　　　D．智能电网管理

5. 以下自动识别技术中不适用于智能交通系统的是（　　）。
   A．条形码技术　　　　　　　　B．射频识别技术
   C．生物识别技术　　　　　　　D．量子识别技术

6. 在智能化网络管理中，以下不是智能化网络管理的关键要素的是（　　）。
   A．数据采集与监控　　　　　　B．数据分析与预测
   C．智能决策与优化　　　　　　D．网络设备的物理安装

二、填空题

1. 智能化网络通过_____技术，实现网络资源的动态配置、故障预测与自我修复。

2. 在智能化网络的结构中，_____层负责数据的格式化和加密解密。

3. 智能化网络的关键技术之一是_____，它允许网络管理员通过软件进行集中管理和控制。

4. 在智能化农业中，_____技术用于监测土壤中的水分含量，为精准灌溉提供数据支持。

5. 在智能交通系统中，_____技术用于车辆身份识别和车辆跟踪。

6. 智能化网络管理强调通过_____工具和平台，实现网络状态监控、故障诊断、性能评估与资源调度的自动化与智能化。

三、问答题

1. 请简述智能化网络在智慧城市中的应用场景及带来的好处。
2. 请解释智能化网络管理中的数据驱动维护策略及其重要性。

第 6 章　网络连接泛在化

学习目标

- 理解泛在网络的定义、特征和关键技术。
- 掌握泛在网络的通信技术、协议标准和接口技术。
- 分析泛在网络在家庭、工业和智慧城市场景下的应用。
- 探讨泛在网络的技术挑战、安全挑战和可持续发展。

案例引导

施耐德电气 Wiser 智能家居系统是智能家居领域泛在网络技术应用的典型案例。

通过 Wiser 智能家居系统，用户可以创建自定义自动化场景以满足个人需求。例如，用户可以设置根据室外天气自动调整空气净化器和空调的工作模式。这种自动化不仅提高了家庭生活的舒适度，还增强了能效管理。

泛在网络技术使得智能安防系统成为可能。通过将智能摄像头、入侵检测器、门窗传感器等设备连接到同一个网络中，可以实现对家庭安全的实时监测和预警。这样的系统提高了家庭的安全性，并允许用户远程监控家庭安全状况。

泛在网络技术可以将家庭中的能源设备连接到统一的网络中，实现对能源的监测和控制。例如，当智能家居系统检测到没有人在家时，可以自动关闭不必要的电器设备，以减少能源消耗。此外，该技术还可以实现对太阳能、风能等可再生能源的管理和利用，提高能源的利用效率。

智能家居系统让用户能够通过电话、计算机或移动设备远程控制家中的各种智能系统。例如，在回家的路上提前打开家中的空调和热水器；到家时，系统会自动打开走廊灯，同时打开电子门锁，撤防安防系统。这种远程控制和监控能力极大地提高了家居的便利性和舒适性。

利用物联网技术，智能照明系统可以根据场景和房间光照需求自动调节照明亮度。用户可以通过手机应用或语音助手远程控制照明设备，实现个性化的照明体验。这不仅提高了居住的舒适度，还实现了能源的节约和环保。

通过这些应用，我们可以看到泛在网络技术在智能家居系统中的实际应用，它通过连接和集成各种设备，实现了家庭自动化，提高了家居的安全性、便利性、舒适性和能源效率。

6.1 泛在网络概念

6.1.1 泛在网络的定义与特征

什么是泛在网络？泛在网络（Ubiquitous Network）即广泛存在的网络，它以无所不在、无所不包、无所不能为基本特征，以实现在任何时间、任何地点、任何人、任何物都能顺畅地通信为目标。这种网络架构的核心思想是通过连接各种设备和系统，形成一个无处不在的网络，使得信息可以随时随地被访问和使用。

泛在网络的一个重要特点是其普适性，即能够支持各种设备和系统的接入，包括手机、计算机、传感器、智能家居设备等。这种普适性使得泛在网络能够满足不同领域的需求，如物联网、工业互联网、智能交通等。目前，随着物联网、云计算、大数据等技术的不断发展，泛在网络已经成为了一个重要的发展方向。

6.1.2 泛在网络的架构与模型

下一代泛在实时通信网络总体架构以"架构至简、智能原生、网络敏捷、演进平滑"为核心设计原则，形成"三层五面"总体架构，如图6-1所示。

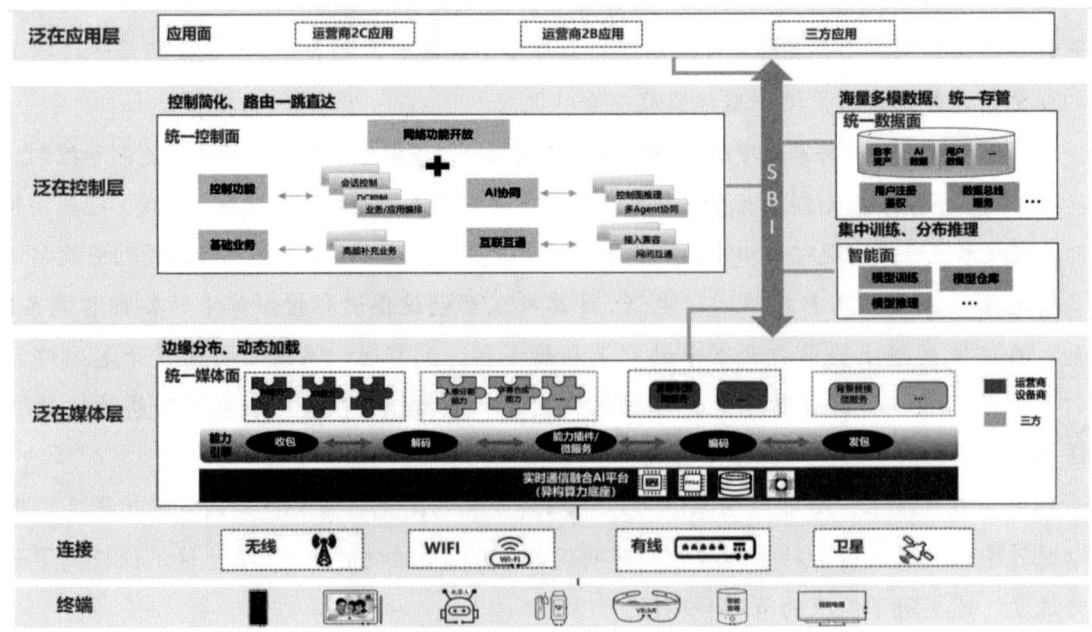

图6-1　下一代泛在实时通信网络总体架构

其中，"三层"包括泛在控制层、泛在媒体层和泛在应用层，"五面"包括统一控制面、统一媒体面、统一数据面、智能面、应用面。

（1）泛在控制层。泛在控制层是下一代泛在实时通信网络架构的基石，包括统一控制面、统一数据面和智能面。泛在控制层支持控制简化、路由一跳直达；海量多模数据、统一存管；智能集中训练、分布推理。同时，泛在控制层可实现全服务化架构，基于服务化接口进行信息传递，承载协议归一。

（2）泛在媒体层。泛在媒体层由统一媒体面组成，其基于实时通信融合 AI 平台和插件化架构，提供实时通信网络媒体处理能力和内生 AI 能力，实现媒体自治，屏蔽媒体面内部复杂的逻辑、调用关系，简化媒体调用流程，提供简洁的、基于任务/目标控制的服务化接口；并且支持多模态媒体处理、内生智能，为多模态通信、扩展现实通信、意图通信、生成式通信等新应用提供支撑。

（3）泛在应用层。泛在应用层由应用面组成，其基于泛在媒体层和泛在控制层所开放的能力，实现和提供运营商的扩展应用，以及其他第三方定制化应用。

（4）统一控制面。统一控制面提供基础控制功能，包括会话控制、DC 控制、应用编排和控制等，并具备 AI 协同和推理能力，集成高频补充业务功能。同时支持终端接入兼容和网间互通功能，实现 IMS 网络平滑演进。统一控制面提供服务功能开放能力，通过对控制面泛在终端的实时通信连接能力、媒体面分布式媒体处理能力、用户数据管理能力等进行抽象、封装、编排，开放给自有和第三方应用，将丰富的应用生态引入下一代泛在实时通信网络。

（5）统一媒体面。统一媒体面具备多模态实时处理特性，满足媒体服务能力泛化等需求，采用智能自治、敏捷架构等关键技术，提供可信安全的运行环境。

（6）统一数据面。统一数据面实现从传统 IMS HSS 单一面向用户数据管理向全网数据的生产、消费等全生命周期的管理和数据增值服务目标的转变，通过 SBI 接口（一种服务化接口，全称为 Service Based Interface）和高速数据总线服务为各业务网元提供数据存储和管理能力。由数据管理功能和数据存储两个功能构成，数据管理功能提供用户鉴权、数字资产的身份认证和归属网业务签约等管理服务，数据存储功能向控制面、媒体面、智能面等提供各类数据的采集、处理和存储等服务。

（7）智能面。智能面包括模型训练管理和推理功能模块，提供数据分析和决策能力，关键技术有模型压缩蒸馏、推理分析准确率提升，采用分布式 AI 框架实现模型统一管理与部署、网络 AI 能力协同调度和端-边-云 AI 推理机制。

（8）应用面。应用面基于下层开放能力实现网业协同、并行解耦和多维通道功能，采用应用轻量化敏捷上线等关键技术。

6.1.3 泛在网络的关键技术

1. 控制面关键技术

（1）业务触发管理。IMS 网络的业务触发采用 ISC 接口（一种用于安全通信的接口，全称为 Interface for Secure Communication），ISC 接口基于会话发起协议（Session Initiation Protocol，SIP 协议），SIP 协议较为复杂，业务调用受 SIP 协议状态机限制，第三方业务开发的难度大，效率低。同时，业务触发基于串行模式，一次会话触发的业务越多，呼叫接续时延就越长，影响端到端用户体验。

下一代泛在实时通信网络需要支持大量创新业务的快速上线，需要控制面采用新的业务触发管理技术。

1）业务触发接口从 SIP 协议转变为服务化接口，通过呼叫事件订阅/通知方式实现无状态的灵活业务调用，进一步降低第三方业务与网络的耦合度，使业务控制变得更加简单，加速实时通信创新业务的开发上线与迭代。

2）业务触发方式从串行模式转变为以并行模式为主，一次会话的多个业务并行触发，避免呼叫接续时延随业务数量的增加而增长，提升用户体验。

3）业务优先级和冲突处理，归一到业务应用编排服务功能，实现统一管理。

（2）终端和网络兼容。下一代泛在实时通信网络架构需考虑终端接入和网络互通的兼容，即同时支持存量 SIP 终端的接入、支持与 IMS 网络互通。

1）支持存量 SIP 终端接入：基于控制面的接入管理服务功能实现兼容 SIP 信令，并将 SIP 信令流程与统一的服务化处理流程进行转换。

2）支持与 IMS 网络互通：对于网络侧兼容，控制面引入"网间互通"服务，实现网络互通的 SIP 信令流程和服务化交互流程的转换。

2. 数据面关键技术

数据面需要更多、更先进的数据传输技术，满足全场景数据服务要求。数据面对数据传输技术的需求主要体现为以下几个方面。

（1）低时延、高带宽传输技术。由于数据面向数据消费者（统一媒体面、统一控制面和智能面等）提供实时的数据存取服务，因此应采用低时延和高带宽的网络技术，如远程直接内存访问（Remote Direct Memory Access，RDMA），是将网络协议栈的处理卸载到网卡硬件上，使得数据的发送和接收绕过操作系统内核，直接和网卡通信，数据零复制，显著降低了数据传输时延，实现微秒级的数据存取响应，并减少了对数据面 CPU 资源消耗和提升网络传输效率。

（2）高吞吐、高可靠、高并发的消息队列传输技术。数据面要从网络中实时采集数据用于分析、推理和训练，为更加灵活高效地实现多节点数据汇聚，降低数据生产者网元的负载，应采用高吞吐、高可靠、高并发的消息中间件技术，如 Kafka 消息队列，是一种专注于高效数据处理和传输的消息中间件，用于训练和推理数据的实时采集以及高频订阅数据的共享，构建边采集、边传输、边处理的高效数据采集通道。

（3）高性能、高可靠文件传输技术。下一代泛在实时通信网络数字资产、AI 数据等涉及大文件传输需求，安全外壳（Secure Shell，SSH）、文件传输协议（Secure File Transfer Protocol，SFTP）具有传输速度快、可靠性高、支持大容量文件传输等优势。在网络使用 SFTP 传输数据时，收发双方无需对数据进行打包、解包等操作，可直接传输文件或整个目录（如日志文件、KPI 数据文件、告警文件等）。数据接收方可先通过 SBI 信令协商获取数据发送方的数据文件目录，选择所需数据并通过 SFTP 技术拉取目录中所对应的数据文件，实现数据的高效传输。

（4）多模数据存储，满足差异化数据存管要求。数据面要存储管理的数据、在数据规模、读写频率、访问性能、持久化等方面存在明显的差异，需采用多模数据库和文件存储形式，最大化提升存储性能和容量规模。

1）关系型数据库 RDBMS、NoSQL 数据库：为千万级或亿级用户提供实时的数据存取服务，支持用户数据、数字资产的类线性扩展。

2）列式数据库存储：存储网络、用户的历史数据，用于数据关联分析。

3）向量数据库存储：存储 Agent 聊天记录相关的个性、群体的短期和中长期记忆，知识库等。

4）文件或对象存储：存储数字资产中视频、大文件等数据。

（5）分布式数据存储和计算技术。下一代泛在实时通信网络的用户数据、数字资产等数据容量规模高达千万级甚至亿级，亚毫秒级实时访问时延，电信级的业务连续性和数据可靠性，数据面需要采用分布式数据存储和计算技术，确保数据面的大容量、高性能、高可用性。

其中分布式数据存储技术主要包括如下内容：

1）分布式文件存储和对象存储，如 HDFS、MinIO、Ceph Object storage 等。

2）分布式数据库，如 MongoDB、Clickhouse 等。

3）分布式数据缓存，如 Redis Cluster。

分布式数据计算技术主要包括如下内容：

1）分布式计算框架，如 MapReduce、Apache Spark 等，为数据面的数据控制、执行和处理等计算任务提供并行编程模型和执行引擎。

2）分布式的消息队列和流处理平台，如 Apache Kafka、RabbitMQ、FLink 等，用于数据面的数据采集，为传输和处理层提供高效的数据传输和数据流实时处理。

6.2　泛在网络技术与标准

6.2.1　泛在网络的通信技术

关于泛在网络通信技术的研究已经在业界引起了广泛的关注，无线网络将成为该领域的研究热点，所涉及的关键无线技术主要包括末梢感知层的关键技术、网络融合层的关键技术、无线资源管理的关键技术以及对数据进行综合处理的信息处理等关键技术。

1. 末梢感知层

末梢感知层的关键技术主要涉及数据的感知、采集和传输技术，其中无线技术主要集中在数据传输部分。物联网的末梢网络主要是以无线传感器为代表的大规模自组织网络结构。传感器网络内部署了海量的多种类型传感器，每个传感器都是一个信息源，不同类别的传感器对不同的环境和信息进行感知并捕获数据。传感器按一定周期采集不同类型的数据，所采集的信息内容和信息格式也不同。数据采集需要采用短距离低功率的无线通信技术，之后要将数据传输到控制中心或者处理平台，经过处理后，由应用平台控制实现不同的系统应用。因为本文主要探讨物联网与无线技术，因此，下面着重介绍短距离无线通信技术和无线传感器网络。

2. 短距离无线通信技术

鉴于物联网的无线连通方式有部署灵活、移动性、渗透性强等特点，近年来，世界众多站在技术前沿的国家和企业在制定标准、研究新技术和应用解决方案方面纷纷予以关注，以期掌握市场主动权。我国近期也通过一系列措施支持和鼓励中短距离无线通信、与无线传感技术相关技术的研发和产业化。

短距离无线通信尤其适合物联网的感知延伸层的组网和应用，尤其以无线个域网（Wireless Personal Area Network，WPAN）为主的无线通信网络为主要内容。目前，主流的微功率短距离的无线通信技术如无线局域网（Wireless Local Area Network，WLAN）、超宽带（Ultra Wide Band，UWB）、RFID、Bluetooth、Zigbee、60GHz毫米波的WPAN等，其中大部分技术的工作频率都集中在了2.3~2.4GHz频段上。2.4GHz频段无线系统主要有Bluetooth、Wi-Fi、Wireless USB、Zigbee以及无绳电话和微波等系统与设备。如此密集的系统分布，必然造成该频段的资源紧缺，频谱日益拥挤，电磁兼容问题日益凸显。

Bluetooth技术是一种适用于短距离无线数据与语音通信的开放性全球规范。目前，Bluetooth技术已经经历了艰难的酝酿阶段，进入了全面"起飞"阶段。Bluetooth越来越多地嵌入中高档产品中，如移动电话、无绳电话、台式计算机、笔记本计算机、MP3播放机、数字相机和便携式上网设备等，并从移动信息电器逐步拓展到汽车、工业控制、医疗设备等新的领域。

Wi-Fi 是一种可以将个人电脑、手持设备（如手机）等终端以无线方式互相连接的技术。其技术标准采用 IEEE 802.11b 标准。Wi-Fi 可以帮助用户访问电子邮件、Web 和流式媒体，为用户提供了无线的宽带互联网访问。同时，它也是在家里、办公室或在旅途中上网的快速、便捷的途径。在物联网应用中，Wi-Fi 将作为无线和有线相连接、短距离与长距离通信相衔接的桥梁，发挥更大的作用。

Zigbee 使用 IEEE 802.15.4 标准作为媒体访问控制和物理层规范，并在此基础上定义了应用层、网络层以及用户应用框架。Zigbee 之所以能在自动控制领域得到广泛应用，是由于它自身具备的多种优点，包括低功耗、低成本、低速率、近距离、短时延、高容量、高安全、工作在免执照频段。

总之，除底层的传感器技术、海量的 IPv4/IPv6 地址资源、自动控制和智能嵌入等配套技术外，实现真正无所不在的、大规模的物联网，更为重要的是在传输层实现统一协作的通信协议，这其中，各种无线电通信技术起到特别关键的作用。WPAN、WLAN、新一代宽带无线接入（New Generation Broadband Wireless Access，NGBWA）等无线通信技术，以及这些无线技术相结合的融合应用将是物联网产业链中最为重要的组成部分。

3. 无线传感器网络

无线传感器网络以其网络规模大、自组织性强、网络拓扑动态变化强、以数据为中心等优势成为物联网中不可或缺的主要部分。

国际电信联盟架构中泛在传感器网络、基础骨干网络和泛在传感器接入网络是物联网网络架构中可能采用无线传输技术的部分，也是物联网频谱需求的主要来源。

传感器网络中的基础骨干网络以传统的公共移动通信网络和数字集群网络为代表，泛在传感器接入网络则以短距离无线传输技术为代表。

物联网在各个行业（如智能家居、智能安全、动物溯源、智能医院、智能交通、智能物流等）领域应用中的末端设备和设施，包括具备"内在智能"的（如传感器、移动终端、工业系统、楼控系统、家庭智能设施、视频监控系统等）和"外在使能"的（如贴上 RFID 的各种资产、携带无线终端的个人与车辆甚至"智能尘埃"等）物理界实体，都需要通过各种传感器设备、无线或有线的通信网络实现互联互通，以实现其"智能化物件或生物"的特质，这其中无线传感器网络的应用需求最为强烈。

（1）无线传感器网络方面研发的技术。

1）无线传感网接入技术，内容包括基于无线传感器网络的多网络融合系统结构和多种无线传感器网络接入技术的比较。

2）无线传感网路由技术，内容包括无线传感器网络路由协议设计。

3）无线传感网拓扑控制技术，内容包括无线传感器网络功率控制技术和典型的拓扑控制方法。

4）无线传感网中数据聚合与管理，内容包括无线传感网数据聚合技术，无线传感网数据管理技术以及无线传感网安全技术。

（2）无线频谱资源应用与管理策略。对物联网应用过程中对无线资源特别是无线频谱资源的需求进行分析。

在末梢网络中，以无线传感器网络的频谱需求为例，无线传感器网络所能提供的无线通信带宽是十分有限的，特别是在 2.4GHz 的通信频段上，聚集了 Bluetooth、Wi-Fi、ZigBee 等无线网络，使得该频段的信道变得十分拥挤。

从全局的观点考虑，根据 ITU-RM.2078 等国际报告，4G 还需要 352～1152MHz 的频率，这些频谱都是按照 4G 的用户流量模型为人与人的通信而设计的，并不包括物联网的频谱需求，因此解决物联网的频谱需求的难度远远大于 4G。

无线频谱资源紧张可能成为物联网应用的"瓶颈"问题，但可以通过有效的资源管理机制实现频谱的合理和高效再利用，从而解决频谱资源紧张问题，使资源的供需达到平衡。

无线频谱资源管理可以从国家政策和规划角度得到很好的再配置。例如对物联网频谱的合理规划与管理，物联网频率划分调整及频率保护政策，参照国际惯例对物联网频谱进行规划，建立物联网的流量模型及常见应用模型，为典型的物联网应用制定频谱标准，借鉴频谱拍卖机制适当实施频谱开放计划，等等。

从技术方面提出的适合于物联网无线频谱资源管理的各种措施：从空时频能复用角度开发频谱池、频谱聚合、智能天线、软件无线电、多点协作等技术；在授权频段开发 D2D 直通技术，在非授权频段开发多种短距离通信技术共存技术等；从系统级角度开发频谱分析、频谱决策、频谱监视、频谱搬移和频谱共享等频谱管理技术；从频谱二次利用角度开发可见光通信、太赫兹通信、白色空间通信以及开发 2.5GHz、3.3～3.4GHz、3.5GHz、5GHz、5.15～5.725GHz 等新频段业务；此外，在无线频谱资源管理方面，着重开发无线技术的电磁兼容和电磁干扰技术，为无线资源的有效复用、多种技术和系统的高效共存提供保障。

4. 异构网络融合与协同技术

网络的异构性主要体现在以下几个方面：

（1）不同的无线频段特性导致的频谱资源使用的异构性。

（2）不同的组网接入技术所使用的空中接口设计及相关协议在实现方式上的差异性和不可兼容性。

（3）业务的多样化。

（4）终端的多样化。不同运营商针对异构网络所实施的运营管理策略不同。

以上几个方面交叉联系，相互影响构成了无线网络的异构性。这种异构性对网络的稳定性、可靠性和高效性带来了挑战，同时给移动性管理、联合无线资源管理、服务质量保证等带来了很大的问题。

网络融合的主要策略可以理解为各种异构网络之间，在基础性网络构建的公共通信平台之上，实现共性的融合与个性的协同。

所谓"融合"是指在技术创新和概念创新的基础上对不同系统间共性的整合，具体是指各种异构网络与作为公共通信平台的移动通信网或者下一代网络的融合，从而构成一张无所不在的大网。

所谓"协同"则是指在技术创新和概念创新的基础上对不同系统间个性的整合，具体是指大网中的各个接入子网通过彼此之间的协同实现共存、竞争与协作的关系以满足业务和应用需求。

不同通信网络的融合是为了更好地服务于异构通信网络的协同。

协同技术是实现多网互通及无线服务的泛在化、高速化和便捷化的必然选择，也是未来物联网频谱资源共享亟待解决的问题。

具体来说，异构网络融合的实现分为两个阶段：一是连通阶段，二是融合阶段。

连通阶段指各种网络（如传感器网络、RFID 网络、局域网、广域网等）都能互联互通，感知信息和业务信息传送到网络另一端的应用服务器进行处理以支持应用服务。

融合阶段是指在网络连通层面的网络平台上，分布式部署若干信息处理的功能单元，根据应用需求，在网络中对传递的信息进行收集、融合和处理，从而使基于感知的智能服务实现得更为精确。从该阶段开始，网络将从提供信息交互功能扩展到提供智能信息处理功能乃至支撑服务，并且传统的应用服务器网络架构向可管、可控、可信的集中智慧参与的网络架构演进。因此，异构网络融合不是对现有网络的革命与颠覆，而是对现有网络分阶段的演进，有效地规划异构网络融合的研究与应用。

5. 海量信息处理技术与云计算

在物联网中，从末梢网络采集了大量的数据，这些数据需要进行处理才能实现各种不同的应用需求。于是，海量信息智能处理与云计算技术应运而生。根据泛在无线网络中数据信息的特点，可以采用诸如数据时间对准技术、集中式数据融合算法及分布式数据融合算法等技术进行数据融合，采用分类、估值、预言、相关性分组或关联规则、聚集、描述和可视化、复杂数据类型（Text、Web、图形图像、视频、音频等）挖掘等进行数据挖掘。

目前，针对海量信息处理和云计算方面，建立了相应的实验平台，涵盖网络信息处理等领域的应用，围绕机器翻译、语言信息处理、海量信息存储与搜索、网络内容技术、语义计算、Web 挖掘与服务、云计算、网络通信及安全等若干领域的理论技术与应用开展研究。

6.2.2 泛在网络的协议标准

1. 泛在网络国际标准化的意义

泛在网络是指无所不在的网络，它以"无所不在""无所不包""无所不能"为基本特征，可以实现随时随地、任何人或物之间的通信，涵盖了各种应用；是一个容纳了智能感知/控制、广泛的网络连接及深度的信息与通信技术（Information and Communication Technologies，ICT）应用等，超越了原有电信范畴的更大的网络体系。

在"感知中国""智慧地球"的驱动下，泛在网络、物联网、传感器网受到了各行各业的普遍关注。泛在网络、物联网、传感器网都不是新名词，但容易被混淆，这三者之间并不是等价关系，而是存在一定的包含关系：从通信对象及技术的覆盖范围上来看，泛在网络包含物联网，物联网包含传感器网；传感器网是物联网实现数据信息采集的一种末端网络；物联网除了传感器网，通常还包括自组网、电子标签网、机器对机器（Machine to Machine，M2M）通信等，是泛在网络的重要组成部分；泛在网络强调各种网络技术，更强调协同、移动性、共性支撑等问题。

要建设一个"无所不在""无所不包""无所不能"的泛在网络，除了需要高度普及各种先进技术，为保证网络的可用性和互通性，完善的标准化体系也是必不可少的。标准的制定可以推动泛在网络大规模的应用，引导泛在网络产业健康有序发展。

2. 泛在网络国际标准化情况

在国际标准化方面，与泛在网络研究相关的标准化组织较多（图 6-2）。本节将按照技术方向总结各个标准化组织在泛在网络研究方面的情况。通过前面的分析，可以了解，泛在网络的涵盖范围较大，包含了物联网，传感器网，涉及了传感器、标签、M2M、行业应用等方方面面的技术，本节重点介绍与泛在网络有关的标准化情况，包括总体框架研究方面、网络能力增强方面及感知末梢技术方面。

针对泛在网络总体框架方面进行系统研究的国际标准组织比较有代表性的是国际电信联盟 ITU-T 及欧洲电信标准化协会 M2M 技术委员会（ETSI M2M TC）。

（1）国际电信联盟 ITU-T。ITU-T 的研究内容主要集中在泛在网络总体框架、标识及应用三方面：ITU-T 在泛在网络研究方面已经从需求阶段逐渐进入到框架研究阶段，目前研究的框架模型还处在高层（High-Level）层面；ITU-T 在标识研究方面和 ISO 通力合作，主推基于对象标识符（Object Identifier，OID）的解析体系；ITU-T 在泛在网络应用方面已经逐步展开了对健康和车载方面的研究。

下面详细介绍一下 ITU-T 各个相关研究课题组的研究情况：

1）SG13 组主要从下一代网络（Next Generation Network，NGN）角度展开泛在网络相关研究，标准化主导方主要是韩国，目前标准化范畴集中在基于 NGN 的泛在网络/泛在传感器网络需求及架构研究、支持标签应用的需求和架构研究、身份管理（Identity Management，IDM）相关研究、NGN 对车载通信的支持。

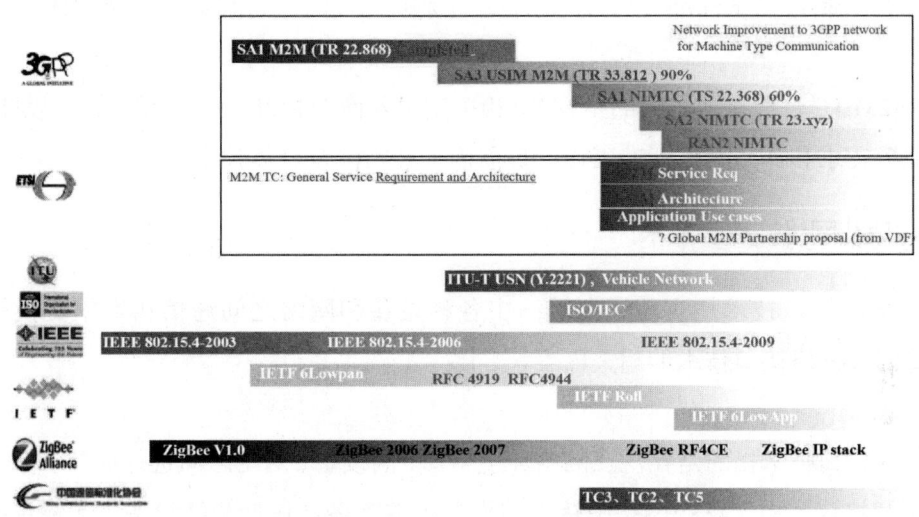

图 6-2　与泛在网络研究相关的标准化组织

2）SG16 组成立了专门的 Question 展开泛在网络应用相关的研究，由日本、韩国共同主导，集中在业务和应用、标识解析方面，具体如下：Q25/16 泛在感测网络（Ubiquitous Sensor Network，USN）应用和业务；Q27/16 用于通信/智能交通系统（Intelligent Traffic System，ITS）业务/应用的车载网关平台；Q28/16 用于电子健康（E-health）应用的多媒体架构；Q21 和 Q22 还展开了一些标识研究，主要给出了针对标签应用的需求和高层架构。

3）SG17 组成立有专门的 Question 展开泛在网络安全、身份管理、解析的研究，具体如下：Q6/17 泛在通信业务安全方面；Q10/17 身份管理架构和机制；Q12/17 抽象语法标记（Abstract Syntax Notation One，ASN.1）、对象标识及相关注册。

4）SG11 组成立有专门的 Question 12 "NID 和 USN 测试规范"，主要研究网络识别码（Network ID，NID）和 USN 的测试架构，H.IRP 测试规范以及 X.oid-res 测试规范。

（2）欧洲电信标准协会 M2M 技术委员会。M2M 市场前景巨大，ETSI 专门成立了一个专项小组（M2M TC）以研究如何对快速成长的 M2M 技术进行标准化，ETSI 成立 M2M TC 主要是考虑目前虽然已经有一些 M2M 的标准存在，涉及各种无线接口、格状网络、路由和标识机制等方面，但这些标准主要针对某种特定应用场景，相互独立。如何将这些相对分散的技术和标准放到一起并找出标准化的缺口和不足，这方面所做的工作还很少。在这样的背景下，ETSI M2M TC 的主要研究目标是从端到端的全景角度研究机器对机器通信，并与 ETSI 内 NGN 的研究及 3GPP 已有的研究进行协同工作。

M2M TC 的职责：从利益相关方收集和制定 M2M 业务及运营需求；建立一个端到端的 M2M 高层体系架构（如果需要会制定详细的体系结构）；找出现有标准不能满足需求的地方并制定相应的具体标准；将现有的组件或子系统映射到 M2M 体系结构中；解决 M2M 方案间的互操作性（制定测试标准）；考虑硬件接口标准化方面；与其他标准化组织进行交流及合作。

ETSI M2M TC 目前首先进行的是 M2M 相关定义及两个 M2M 行业应用实例，以此为基础，同步进行业务需求和体系架构标准工作，目前尚未开始涉及具体技术。

6.2.3 泛在网络的接口技术

泛在网络的接口技术是实现泛在网络中各种设备和网络之间通信和数据交换的关键技术。以下是泛在网络接口技术的相关内容。

1. 定义

泛在网络接口技术指的是在泛在网络环境中，不同设备、网络之间进行通信和数据交换所采用的技术和协议。由于泛在网络中接入的设备种类繁多，包括智能设备、无线传感设备、RFID 标签等，且这些设备可能使用不同的通信协议，因此泛在网络接口技术需要解决设备异构性、通信协议兼容性等问题。

2. 应用

设备接入与通信。泛在网络接口技术使得各种设备能够接入泛在网络并进行通信。例如，智能家居中的智能家电设备可以通过 Wi-Fi、ZigBee 等无线接口技术接入家庭网络，实现远程控制和数据传输。

数据汇聚与管理。在泛在网络中，大量设备产生的数据需要进行汇聚和管理。通过接口技术，可以将设备收集的数据传输到数据管理平台，进行存储、分析和处理。

应用开发与集成。泛在网络接口技术为应用开发提供了基础。开发者可以通过标准化的接口访问泛在网络中的设备和数据，开发出各种泛在网络应用。

3. 关键技术

（1）异构网络接口。泛在网络中存在多种异构网络，如无线传感器网络、RFID 网络、移动通信网络等。实现这些异构网络之间的接口技术，可以实现不同网络之间的互联互通。

（2）万维物联网（Web of Things，WoT）接口。WoT 是一种基于互联网的泛在网络应用开发方法，通过 RESTful 接口的形式，使得开发者无须了解具体设备的通信协议就可以对泛在设备进行操作。

（3）资源标识与管理接口。在泛在网络中，需要对各种资源进行标识和管理。通过接口技术，可以实现资源的发现、描述、访问控制等功能。

6.3 泛在网络在不同场景下的应用

泛在网络在不同场景下的应用非常广泛，如图 6-3 所示，以下是一些主要的应用场景。

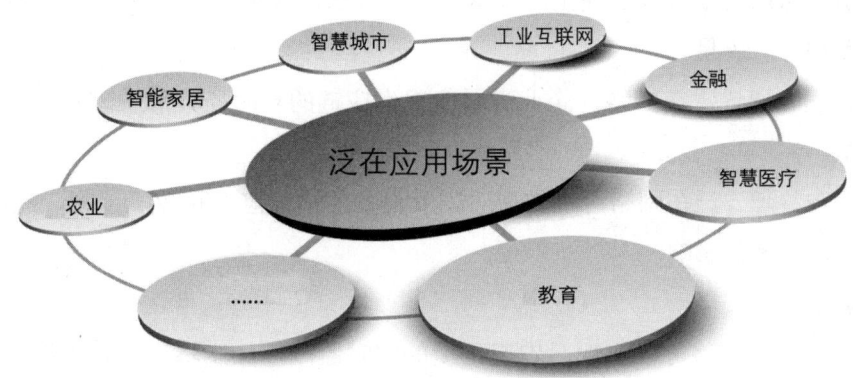

图 6-3　泛在网络的广泛应用

1. 智慧城市

智能交通。泛在网络可以实现交通信号灯的智能控制、车辆的实时监控与调度、交通流量的实时分析等，提高交通效率，减少拥堵。

公共安全。通过在城市中部署大量传感器和监控设备，泛在网络可以实现对城市安全的全方位监控，如火灾报警、犯罪预防等。

环境监测：利用泛在网络中的传感器网络，可以实时监测城市环境质量，如空气质量、噪声水平等，为城市环境管理提供数据支持。

2. 智能家居

设备控制与管理。泛在网络使得家庭中的各种智能设备（如智能电视、智能冰箱、智能灯泡等）能够互联互通，用户可以通过手机等移动设备远程控制这些设备。

安全监控。通过家庭安防系统，泛在网络可以实现家庭的安全监控，如门窗传感器、摄像头等，保障家庭安全。

能源管理。泛在网络可以实现家庭能源的智能管理，如智能电表、智能水表等，帮助用户节约能源。

3. 智慧医疗

远程医疗。泛在网络支持远程医疗的开展，如远程诊断、远程手术等，使患者能够在家接受专业的医疗服务。

健康监测。通过可穿戴设备和家庭医疗设备，泛在网络可以实时监测患者的健康状况，并将数据传输给医生,便于及时发现和处理健康问题。

医疗资源管理。泛在网络可以实现医疗设备和医疗资源的智能管理,提高医疗资源的利用效率。

4. 工业互联网

智能制造。泛在网络可以实现生产设备的互联互通,实现生产过程的智能化控制和优化,提高生产效率和产品质量。

供应链管理。通过泛在网络,企业可以实现供应链的实时监控和管理,优化库存管理,降低物流成本。

设备维护与管理。泛在网络可以实现对工业设备的远程监控和故障预测,提前进行维护,减少设备故障对生产的影响。

5. 农业

精准农业。泛在网络可以实现对农田环境的实时监测,如土壤湿度、温度、光照等,并根据监测数据进行精准灌溉、施肥等操作,提高农业生产效率。

农产品追溯。通过泛在网络,可以实现农产品的全程追溯,保障农产品的质量和安全。

6. 教育

远程教育。泛在网络支持远程教育的开展,使学生可以随时随地通过网络接受教育,突破时间和空间的限制。

智能教学。利用人工智能和大数据技术,泛在网络可以实现智能教学,根据学生的学习情况提供个性化的教学内容和辅导内容。

7. 金融

移动支付。泛在网络为移动支付提供了稳定可靠的网络支持,使用户可以随时随地进行支付。

金融服务创新。通过泛在网络,金融机构可以开展更多的金融服务创新,如智能投顾、在线理财等。

6.4 泛在网络的挑战与未来

6.4.1 泛在网络的安全挑战

1. 数据面身份认证与通信安全

数据面在支持用户全球用户识别卡(Universal Subscriber Identity Module,USIM)鉴权认证基础上,应能增强数字身份的统一认证能力;未来实时通信网络中,用户的"身份"将不局限于手机号码,而将涵盖更多用户个性化属性及业务自定义标识,这些属性和标识分散在不同的业务系统中,共同构成用户的数字身份,即数字身份无处不在。数字身份体系构建需定义全球唯一的数字身份标识,支持数字身份的可识别和可路由;以运营商为核心,具备开放的数字身份管理机制,包括为人、机、数字人等逻辑实体颁发身份。该数字身份的认证体系,需支持运营商、互联网以及应用间开放且安全的互通。

数据面提供对实时通信用户、数字资产的统一鉴权认证,保存了海量涉及用户、数字资产,为确保数据安全,需对敏感数据进行加密存储,且支持 ACL 防止未经授权的访问,定期备份数据,防止数据丢失;另外还应逐步引入区块链等分布式可信安全管理技术,用于实时通信数字身份的安全认证。

2. 媒体面可信安全

大模型、数字人等 AI 技术可以生成声音、动作、表情、形象,图片、视频、文本等,赋能通信的同时,也给通信安全带来了巨大挑战。媒体面作为新技术新能力的主要载体,其架构的可信安全设计尤为关键;媒体面需要为用户提供全新的安全传输、空间隔离、反诈防伪等端到端媒体安全保障机制。媒体面可信安全主要体现在数字空间、安全传输等方面。

数字空间。个性化、虚实共生是下一代泛在实时通信网络的重要特征,伴随而来的是大量的数字资产产生,如个性化模型、化身、定制的数字人、独有的知识库等。私有的数字资产需要防止隐私泄露和信息安全防护,媒体面作为数字资产的运行载体,其数字空间功能为每位用户提供了私有数字资产的独立运行环境。数字空间采用虚机、容器等技术实现虚拟安全空间隔离,用户可以安心在此运行其化身、数字助理、数字家庭、数字座舱等。

安全传输。媒体的可信安全机制除数字空间隔离、内容防伪外,还需要高效的加密和防止篡改传输保障。新的 QUIC 协议兼顾了 UDP 的灵活和 Data Channel(数据通道)的安全多流,轻量高效,更加适合多模态媒体的安全传输,同时需兼容现网安全传输协议。

6.4.2 泛在网络的可持续发展

随着 5G 网络中基于音视频、数据通道的实时通信网络逐步成熟与商用,对未来实时通信网络的研究也在逐步深入,业务场景拓展与技术创新已经成为未来实时通信网络演进的源动力。基于对实时通信网络演进驱动力和场景需求的研究,结合实时通信网络痛点问题,本节对下一代泛在实时通信网络架构进行了总体研判,并以此为基础阐述了网络架构设计的核心理念和关键要素,希望能够为业界开展未来实时通信网络架构研究提供系统性参考和指引,并期望行业各界能共同参与到下一代泛在实时通信网络架构技术研究中,凝心聚力为下一代泛在实时通信网络演进贡献力量。

下一代泛在实时通信网络的发展方向将与 6G、人工智能等前沿技术紧密结合。6G 的普及将为下一代泛在实时通信网络提供更高效、更稳定的基础技术支持,而人工智能技术的发展则为下一代泛在实时通信网络技术提供更强大的智能化内核。对于后续下一代泛在实时通信网络的研究,建议考虑如下方面:

继续探索泛在实时通信潜在场景需求,完善和丰富个人智能助理、虚实融合通信等典型场景,研究下一代泛在实时通信网络数字身份统一认证、AI 内生、插件化等关键技术能力。

协同全产业链共同参与下一代泛在实时通信网络架构设计,推进统一的标准方案,加速网络标准化进程,形成面向代际演进并具备架构至简化、智能原生化、网络敏捷化、演进平滑化等典型特征的全新网络架构。

与终端伙伴联合推进端网协同发展,促进新型沉浸式智能实时通信终端生态成熟,共同为用户打造卓越便捷的沉浸式智能使用体验。

习 题 6

一、选择题

1. 泛在网络的核心目标是(   )。
   A. 提高网络速度   B. 实现随时随地的通信
   C. 降低网络成本   D. 增加网络覆盖范围

2. 下一代泛在实时通信网络的总体架构中,"三层五面"中的"五面"不包括(   )。
   A. 统一控制面   B. 统一媒体面
   C. 统一数据面   D. 统一安全面

3. 在智能家居系统中,泛在网络技术可以实现(   )功能。
   A. 自动调整家电的工作模式   B. 提高网络带宽
   C. 增加设备的存储容量   D. 提升设备的计算能力

4. 以下不属于短距离无线通信技术的是(   )。
   A. Bluetooth   B. Wi-Fi
   C. Zigbee   D. 5G

5. 无线传感器网络的主要优势不包括(   )。
   A. 大规模网络   B. 自组织性强
   C. 动态拓扑变化强   D. 高成本

6. 在泛在网络中,数据面的关键技术不包括(   )。
   A. 低时延、高带宽传输技术

B．高吞吐、高可靠的消息队列传输技术

C．高性能、高可靠文件传输技术

D．无线频谱资源管理技术

7．泛在网络的国际标准化组织中，ITU-T 主要研究内容集中在（　　）方面。

A．泛在网络总体框架　　　　B．无线频谱资源管理

C．短距离无线通信技术　　　D．无线传感器网络

8．下一代泛在实时通信网络的发展方向将与（　　）技术紧密结合。

A．4G　　　　B．5G　　　　C．6G　　　　D．3G

二、填空题

1．泛在网络的定义是以实现在任何时间、任何地点、任何人、任何物都能顺畅地_____为目标。

2．泛在网络的总体架构中，"三层五面"中的"三层"包括泛在控制层、泛在媒体层和_____。

3．在智能家居系统中，通过泛在网络技术可以实现对家庭安全的实时监测和_____。

4．短距离无线通信技术中，_____技术是一种适用于短距离无线数据与语音通信的开放性全球规范。

5．无线传感器网络的主要优势包括网络规模大、自组织性强、网络拓扑动态变化强和_____。

6．在泛在网络中，数据面的关键技术包括低时延、高带宽传输技术，高吞吐、高可靠的消息队列传输技术和_____。

三、问答题

1．请简述泛在网络在智慧城市场景下的应用。

2．请简述泛在网络面临的挑战及未来发展方向。